Dipl.-Ernährungswissenschaftlerin
Edita Pospisil

Cholesterin

Risiko für Herz und Gefäße

Edita Pospisil
ist Diplom-Ernährungswissenschaftlerin. Ihr Spezialgebiet liegt im Bereich der ernährungsabhängigen Gesundheitsstörungen, deren Prophylaxe und diätetischen Behandlung. Die praktische Umsetzung wissenschaftlicher Erkenntnisse steht im Mittelpunkt ihrer publizistischen Arbeit. Im vorliegenden Kompaß Cholesterin wie auch den bisher von ihr erschienenen Büchern »Kochbuch für Diabetiker«, »Bluthochdruck senken ohne Medikamente«, »Cholesterinspiegel senken«, »Knoblauch« und »Mittelmeerdiät« gibt sie ihre Erfahrung und ihr Fachwissen für jedermann in überzeugender und leicht verständlicher Form weiter.

Wichtiger Hinweis
Dieser Kompaß enthält Richtlinien für Ernährung und Lebensweise bei erhöhtem Cholesterinspiegel. Diese Informationen können keinesfalls eine ärztliche Behandlung ersetzen; die individuelle Therapie bestimmt der behandelnde Arzt. In bezug auf die Lebensmittel-Tabellen beachten Sie bitte die wichtigen Hinweise auf Seite 29.

Aktualisierte Ausgabe 2005

Redaktionsleitung: Doris Birk
Redaktion: Friedrich Bohlmann
Gestaltung: independent, Horst Moser
Produktion: Helmut Giersberg
Fotos: Reiner Schmitz (Food Styling: Rudolf Vornehm); Teubner Foodfoto (U4 oben links); Gudrun A. Kaiser (U4 unten Mitte)
Satz: Filmsatz Schröter GmbH, München
Druck und Bindung: Ludwig Auer GmbH
ISBN 3-7742-3179-6

Auflage	15.	14.	13.	12.	11.
Jahr	2009	08	07	06	05

TEIL 1

Risikofaktor Cholesterin

TEIL 2

Die Lebensmittel-Tabellen

Quellen

Nährwerttabellen für Milch und Milchprodukte, Prof. Dr. E. Renner, Dr. A. Renz-Schauer, Verlag Drathen, Gießen; Nährstoffe in Lebensmitteln, die große Energie- und Nährwerttabelle, Beate und Helmut Heseker, Umschau Verlag, Frankfurt; Lebensmitteltabelle für die Praxis, Der kleine »Souci-Fachmann-Kraut«, Wissenschaftliche Verlagsgesellschaft mbH, Stuttgart; Die große GU Nährwert-Tabelle, Gräfe und Unzer Verlag, München; Die Nährwerte von Geflügel-, Lamm-, Kalb-, Rind- und Schweinefleisch, Wurst und Fleischwaren, Bundesanstalt für Fleischforschung, Kulmbach; Energie- und Nährstoffgehalte beliebter Speisen und Gerichte, Informationsschrift des Bundesinstitutes für gesundheitlichen Verbraucherschutz und Veterinärmedizin, Berlin; Hersteller-Angaben.

Ein Wort zuvor

Wenn Ihnen vom Arzt geraten wurde, wegen zu hoher Cholesterinwerte Ihre Ernährung entsprechend umzustellen, haben Sie neben der Änderung Ihrer bisherigen Ernährungsweise noch ein weiteres Problem:

Sie stehen etwas verloren im Supermarkt und fragen sich, welche der vielen angebotenen Lebensmittel dürfen denn nun möglichst unbeschadet gegessen werden. Dabei werden Sie zum größten Teil vergeblich die Inhaltsangaben auf den Verpackungen studieren.

Und genau hier will der GU Kompaß Cholesterin ansetzen. Er informiert genau und zielgerichtet über Lebensmittel und gibt die notwendigen Informationen über ihren Fett-, Cholesterin-, Ballaststoff- und Energiegehalt, auf die es bei einer cholesterinsenkenden Ernährung besonders ankommt. Durch die übersichtliche Anordnung fällt es leicht, Lebensmittel miteinander zu vergleichen und dann die richtige Wahl zu treffen. Damit kann verhindert werden, daß durch falsche Ernährung die erhöhten Cholesterinwerte noch weiter ansteigen. Doch muß es erst zu bedrohlichen Situationen kommen, bevor man darüber nachdenkt, wie geänderte Lebensgewohnheiten zu einem gesünderen Lebensstil führen?

Ebenso wie viele andere Ernährungswissenschaftler bin auch ich der Meinung, daß jeder sich frühzeitig mit den Folgen einer falschen Ernährung beschäftigen sollte.

Dieser Kompaß liefert Ihnen hierzu die Grundlage. Lernen Sie rechtzeitig, sich fett- und cholesterinbewußt zu ernähren. Der Kompaß hilft auch allen, denen der Arzt geraten hat, den erhöhten Cholesterinspiegel durch eine fettärmere Ernährung zu senken.

In diesem Sinne wünscht Ihnen »Gute Gesundheit«
Ihre Edita Pospisil

Cholesterinspiegel senken – leichtgemacht

Hat auch Ihnen Ihr Arzt nach einer Blutuntersuchung, die erhöhte Cholesterinwerte auswies, dringend geraten, Ihre Ernährung umzustellen und Ihre Lebensweise zu ändern? Konnte er Sie davon überzeugen, daß Sie nur auf diese Weise der Gefahr entgehen, über kurz oder lang wirklich schwer krank zu werden?

Diese Stoffwechselerkrankung, auch Hypercholesterinämie genannt, macht zu Beginn keine akuten Beschwerden, es treten keine Schmerzen auf, nicht einmal ein Krankheitsgefühl. Deshalb werden erhöhte Cholesterinwerte meist nur zufällig erkannt, leider oft viel zu spät. Dann nämlich, wenn sich die in der Regel irreparablen Folgeschäden bereits entwickelt haben.

Um eben dieser Gefährdung vorzubeugen, sollte jeder Erwachsene seine Cholesterinwerte im Rahmen einer Vorsorgeuntersuchung bestimmen lassen: Die Krankenkassen bieten ihren Mitgliedern vom 35. Lebensjahr an alle zwei Jahre einen kostenlosen »Gesundheits-Check-up«. Nutzen Sie dieses Angebot! Nur mit Hilfe von regelmäßig durchgeführten Vorsorgeuntersuchungen können Risikofaktoren frühzeitig aufgedeckt und behandelt werden.

Die Untersuchungsergebnisse zeigen, daß mehr als die Hälfte der über 45jährigen Bundesbürger erhöhte Cholesterinwerte hat. Dieses alarmierende Ergebnis spricht für sich selbst.

Wenn Ihre Cholesterinwerte erhöht sind, müssen Sie sofort etwas für Ihre Gesundheit tun:

- Stellen Sie Ihre Ernährung um.
- Ändern Sie Ihre Lebensweise. Beides ist leichter zu bewerkstelligen, als Sie vielleicht denken mögen; dieser GU-Kompaß kann Ihnen eine wertvolle Hilfe sein.
- Für die notwendige Umstellung Ihrer Ernährung finden Sie Richtlinien und Anleitungen (→ Seite 12).

- Übersichtlich zusammengestellte Lebensmittel-Tabellen (Seiten 30–112) machen es Ihnen leicht, aus dem heute so reichhaltigen Angebot die für Sie richtigen Lebensmittel zu wählen.
- Beherzigen Sie bitte auch die Empfehlungen für Ihren Alltag (→ Seite 15); eine Änderung der Lebensweise trägt wesentlich zur Senkung der erhöhten Cholesterinwerte bei.

Bevor ich Ihnen Hilfen für die Praxis nenne, möchte ich Ihnen erläutern, was Cholesterin ist, wie es zu einer Erhöhung im Blut kommt, und welche Bedeutung erhöhte Werte für unsere Gesundheit haben. Wenn Sie um diese großen Zusammenhänge wissen, wird es Ihnen leichterfallen, Ernährung und Lebensweise zu ändern.

Cholesterin, lebenswichtiges Blutfett

Cholesterin, ein Blutfett mit vielen Aufgaben, ist lebenswichtig: Es ist Baustein aller Zellwände und der Isolierschicht unserer Nervenzellen; es ist unentbehrlich für die Bildung der verdauungsfördernden Gallensäuren; es ist Muttersubstanz für das zur Knochenbildung wichtige Vitamin D, Muttersubstanz auch für die Geschlechtshormone und für die Hormone der Nebennierenrinde, die lebenswichtige Stoffwechselvorgänge steuern, unter anderem unser Streßverhalten und die Funktionen unseres Abwehrsystems.

Cholesterin wird zum größten Teil im Körper gebildet (vor allem in der Leber), zum kleineren Teil mit der Nahrung zugeführt. Um seinen Aufgaben gerecht werden zu können, muß Cholesterin an viele Organe gelangen; mit dem Blut wird es durch den Körper transportiert. Ein bestimmter Cholesteringehalt (Cholesterinspiegel) also ist stets im Blut vorhanden (Werte → Seite 8). Ist der Cholesteringehalt jedoch dauerhaft erhöht, kann dies – daran besteht heute kein Zweifel mehr – zu einer Arterienverkalkung (Atherosklerose) führen.

Erhöhte Blutfettwerte: Gefahr der Arteriosklerose

Da Cholesterin wasserunlöslich ist, wird es im Blut von Lipoproteinen (Fett-Eiweiß-Körper) transportiert. Die wichtigsten sind die Lipoproteine niedriger Dichte, die LDL, und die Lipoproteine hoher Dichte, die HDL. Die LDL transportieren das Cholesterin im Blut zu Körperzellen und Organen. Wird zuviel LDL-Cholesterin produziert und/oder zuwenig von den Zellen aufgenommen, verbleibt es im Blut und wird in die Makrophagen aufgenommen. Makrophagen sind Blutzellen, die insbesondere »oxidiertes« LDL-Cholesterin aufnehmen. Sie werden dann zu Schaumzellen, die Arterienwände schädigen. Im Laufe der Zeit verengen die Arterien sich, bis sie verschlossen sind.

Die Entstehung von Verengungen in den Arterien bis hin zum Arterienverschluß, die Arteriosklerose mit ihren verschiedenen Schweregraden, wird also durch zuviel LDL-Cholesterin gefördert, das deshalb das »böse« Cholesterin genannt wird.

Die HDL nehmen das abgelagerte LDL-Cholesterin aus den Geweben auf und transportieren es zur Leber, wo es zu Gallensäuren abgebaut wird.

Da es den Körper von zuviel »bösem« Cholesterin befreien kann, wird HDL-Cholesterin das »gute« Cholesterin genannt.

Richtwerte für Blutfette in mg/dl (mmol/l)

	günstig	grenzwertig	ungünstig
Gesamt-Cholesterin	< 200 (5,2)	200 – 250 (5,2 – 6,5)	> 250 (6,5)
LDL-Cholesterin	< 135 (3,5)	135 – 175 (3,5 – 4,5)	> 175 (4,5)
HDL-Cholesterin	> 45 (1,1)	35 – 45 (0,9 – 1,1)	< 35 (0,9)
Triglyceride	< 200 (2,3)	200 – 400 (2,3 – 4,6)	> 400 (4,6)

< = unter   > = über

Das bedeutet: Die Werte des LDL-Cholesterins im Blut müssen möglichst niedrig, die Werte des HDL-Cholesterins müssen möglichst hoch sein.

Darüber hinaus ist es wichtig, das LDL-Cholesterin vor Oxidation zu schützen. Hierbei ist auf eine ausreichende Zufuhr von Antioxidantien wie Vitamin C, E und Beta-Carotin zu achten. So läßt sich das Risiko, an Arteriosklerose zu erkranken, deutlich senken!

Bei einem erhöhten Cholesterinspiegel sind häufig auch die anderen Blutfette (Triglyceride) erhöht. Dadurch wird, um es einfach zu sagen, das Blut dicker, es fließt langsamer. Dabei können sich Blutgerinnsel, häufigste Ursache für einen plötzlichen Arterienverschluß und seine Folgen wie Herzinfarkt und Schlaganfall, schneller bilden.

Das bedeutet: Auch die Triglycerid-Werte müssen im Normbereich liegen (Werte → Seite 8), will man einer Gefährdung durch Arteriosklerose vorbeugen!

Ursachen für erhöhte Blutfette

• Cholesterinwerte zwischen 200 und 300 mg/dl und/oder erhöhte Triglycerid-Werte sind in der Regel durch eine zu fett-, zu cholesterin- und zu kalorienreiche Ernährung bedingt. Diese falsche Ernährung führt langfristig zu Übergewicht. Bei Übergewichtigen sind meist neben Triglyceriden die LDL-Anteile, also die des »bösen« Cholesterins, erhöht, während die HDL-Anteile, also die des »guten« Cholesterins, niedrig sind.

Das bedeutet: Die Ernährungsumstellung und die Gewichtsreduktion sind unabdingbar zur Senkung der erhöhten Blutfettwerte!

• Ein erhöhter Cholesterinspiegel mit hohem LDL- und niedrigem HDL-Anteil kann auch verursacht sein von einer ererbten Fettstoffwechsel-Störung. Bei dieser Erbanlage, die bei einem von 500 Menschen vorliegt, wird das LDL-Cholesterin nicht in ausreichender Menge von den Zellen aufgenommen, und es staut sich im Blut. Werden gleichzeitig Fett und Cholesterin zu reichlich mit der Nahrung zugeführt, kommt es außerdem zur vermehrten Bildung von LDL-Cholesterin im Körper, so daß sein Spiegel im Blut noch mehr ansteigt. Auch erhöhte Triglycerid-Werte können erblich bedingt sein; eine kalorienreiche Ernährung, insbesondere zuviel Fett, Zucker und Alkohol, verschlimmert die Störung.

Das bedeutet: Auch bei einer ererbten Fettstoffwechsel-Störung ist die Ernährungsumstellung unentbehrlicher Teil der Behandlung.

• Durch Krankheiten wie Diabetes (Zuckerkrankheit), Leber- und Nierenstörungen sowie Fehlfunktionen der Schilddrüse können erhöhte Blutfettwerte ebenfalls verursacht sein.

Das bedeutet: Die Behandlung dieser Erkrankungen steht im Vordergrund. Der Arzt bestimmt Art und Ausmaß einer Ernährungsumstellung.

• Bewegungsmangel, dauerhafte Überforderung (Streß), Zigarettenrauchen – auch das sind Ursachen für die Erhöhung des »bösen« LDL-Cholesterins bei zugleich niedrigen HDL-Werten. Auch zu erhöhten Triglycerid-Werten kommt es häufig durch diese gesundheitsbeeinträchtigende Lebensweise.

Das bedeutet: Auch die Änderung der Lebensweise ist wichtig zur Senkung der erhöhten Blutfette.

Der Arteriosklerose vorbeugen

Sie wissen jetzt, daß erhöhte Blutfette, insbesondere ein erhöhter Cholesterinspiegel, gravierende Auswirkungen auf unsere Gesundheit haben können. Neben Bluthochdruck und Zigarettenkonsum sind sie die wichtigsten Risikofaktoren für die Arterienverkalkung, verbunden mit Durchblutungsstörungen in Organen bis hin zum Arterienverschluß und seinen Folgen wie Herzinfarkt und Schlaganfall.

Das Risiko, einen Herzinfarkt zu bekommen, erhöht sich mit steigendem Cholesterinspiegel bedrohlich: Bei einem Wert von 240 mg/dl beispielsweise ist es doppelt so hoch wie bei Normwerten, bei 280 mg/dl steigt es sogar auf das Dreifache. Jeder zweite Todesfall ist auf arteriosklerotisch bedingte Herz-Kreislauf-Erkrankungen zurückzuführen. Das sind alarmierende Ergebnisse aus Industrieländern, unter denen die Bundesrepublik einen traurigen Spitzenplatz einnimmt.

Die Senkung des erhöhten Cholesterinspiegels führt nachgewiesenermaßen zu einer besseren Prognose: Bei einer Senkung des Cholesterinspiegels um 1 Prozent verringert sich das Risiko, einen Herzinfarkt zu bekommen, um 2 Prozent. Wenn gleichzeitig das gefäßschützende HDL-Cholesterin erhöht und die Triglyceride gesenkt werden, ist das Ergebnis noch günstiger.

Eine weitere Verbesserung ist durch Beseitigung der zusätzlich vorhandenen Risikofaktoren möglich. Das bedeutet vor allem: hohen Blutdruck senken, Rauchen einstellen und sich viel mehr bewegen (erhöht das HDL-Cholesterin).

Warten Sie deshalb nicht mit Ihrer Entscheidung: Je eher Sie Ihre Ernährung umstellen, Ihre Lebensweise ändern, desto besser sind Ihre Chancen, gesund alt zu werden.

Blutfette senken – Schritt für Schritt

Reduzieren Sie Ihr Gewicht, wenn Sie übergewichtig sind!

Bei übergewichtigen Menschen kommt es, im Vergleich zu Normalgewichtigen, doppelt so oft zu erhöhten Cholesterinwerten (mit niedrigem HDL-Anteil) und drei- bis viermal häufiger zu erhöhten Triglycerid-Werten. Allein durch Gewichtsreduktion bis zum Normalgewicht können erhöhte Triglycerid- und Cholesterinwerte gesenkt, die gefäßschützenden HDL-Anteile erhöht werden.

Stellen Sie fest, ob Sie Übergewicht haben. Auf der vorderen Umschlag-Innenseite finden Sie die Formel, wie Sie Ihren **B**ody **M**ass **I**ndex (Körper-Masse-Index) errechnen und an Hand der BMI-Tabelle auswerten.

Achten Sie auf Ihre Kalorienzufuhr, auch wenn Sie normalgewichtig sind. Orientieren Sie sich an den Referenzwerten für Energiebedarf bei leichter Tätigkeit (→ unten). Bei gesteigerter körperlicher Aktivität können Sie 200 bis 400 kcal, gegebenenfalls auch mehr, dazugeben.

Bei Übergewicht sollten Sie Ihre Energiezufuhr so lange auf 1000 bis 1200 kcal pro Tag einschränken, bis Sie Ihr Normalgewicht annähernd erreicht haben. Um 1 kg Körperfett abzubauen, müssen etwa 7000 kcal eingespart werden, die sich der Körper aus seinen Reserven holt.

Energiebedarf bei leichter (sitzender) Tätigkeit

(Referenzwerte für Erwachsene mit Normalgewicht)

Alter	Frauen		Männer	
in Jahren	kcal*/Tag	kJ*/Tag	kcal*/Tag	kJ*/Tag
19–25	1900	7900	2500	10 600
26–50	1900	7900	2400	10 200
51–65	1800	7400	2200	9 400
über 65	1600	6900	2000	8 500

* kcal = Kilokalorie, kJ = Kilojoule (1 kcal = 4,2 kJ)

Verteilen Sie Ihre Nahrungszufuhr statt auf 3 große besser auf 5 kleinere Mahlzeiten am Tag, um den Heißhunger, der zum unkontrollierten Essen verführt, nicht entstehen zu lassen! Für einen kleinen Imbiß zwischen den etwas kleineren Hauptmahlzeiten sind frisches Obst und fettarme Milchprodukte besonders gut geeignet. Achten Sie auf Ihr Gewicht, auch wenn Sie normalgewichtig sind!

Essen Sie weniger Fett!

Grundsätzlich gilt: Je fettreicher die Nahrung, desto höher die Blutfette Cholesterin und Triglyceride. Ihre Fettzufuhr sollte deshalb nicht mehr als 30% der täglichen Energiezufuhr betragen. Das sind bei 1800 bis 2400 kcal etwa 60 bis 80 g Fett pro Tag, bei einer Reduktionskost entsprechend weniger (1 g Fett = 9 kcal). Achten Sie vor allem auf »verstecktes« Fett in Milchprodukten, Fleisch- und Wurstwaren, Torten, Schokolade, Nüssen und Fertiggerichten. Nehmen Sie höchstens die Hälfte Ihrer täglichen Fettzufuhr (30 bis 40 g, bei Reduktionskost entsprechend weniger) als verstecktes Fett zu sich. 100 g Landjäger beispielsweise enthalten 42 g Fett, 100 g geräucherte Putenbrust dagegen weniger als 3 g Fett. Bevorzugen Sie deshalb stets die fettarmen Sorten.

Halten Sie Maß auch bei »sichtbarem« Fett, das Sie aufs Brot streichen und für die Speisen- und Salatzubereitung verwenden. 30 bis 40 g sichtbares Fett pro Tag sind genug (bei Reduktionskost entsprechend weniger).

Schränken Sie vor allem die Aufnahme von gesättigten Fettsäuren ein!

Nahrungsfette enthalten in unterschiedlichen Anteilen gesättigte, sowie einfach und mehrfach ungesättigte Fettsäuren. »Gesättigte« Fettsäuren erhöhen das »böse«

LDL-Cholesterin. Da tierische Fette reich an gesättigten Fettsäuren und Cholesterin sind, sollen sie besonders eingeschränkt werden (→ Steckbrief Fette Seite 18).

Pflanzliche Fette dagegen sind cholesterinfrei und reich an einfach und mehrfach ungesättigten Fettsäuren (mit Ausnahme von Kokos- und Palmkernfett); sie haben die Eigenschaft, erhöhtes LDL-Cholesterin zu senken. Das in ihnen enthaltene Vitamin E vermag die LDL-Cholesterin-Oxidation zu vermindern. Fischöle, obwohl tierische Fette, enthalten ebenfalls mehrfach ungesättigte Fettsäuren, die insbesondere erhöhte Triglycerid-Werte senken und die Fließeigenschaften des Blutes verbessern. Auf diese Weise vermindern sie die Gefahr einer Gerinnselbildung (→ Seite 9).

Essen Sie reichlich Kohlenhydrate!

Mindestens die Hälfte Ihrer täglichen Kalorienmenge sollten Sie mit kohlenhydratreichen Lebensmitteln aufnehmen. Das sind Getreideprodukte wie Brot und Teigwaren, Reis, Haferflocken, Kartoffeln, Hülsenfrüchte, Gemüse und Obst.

Bevorzugen Sie Vollkorn- und wenig verarbeitete Produkte, da sie wegen ihres höheren Gehaltes an Ballaststoffen, Vitaminen, Mineralstoffen und weiteren bioaktiven Substanzen besonders wertvoll sind (→ Seite 16). Eine kohlenhydrat- und ballaststoffreiche Ernährung sorgt für eine gute, langanhaltende Sättigung und macht es Ihnen leichter, Kalorien einzusparen.

Im Vergleich dazu sind Süßigkeiten, Zucker und zuckerreiche Getränke keine besonders wertvollen Kohlenhydrate. Auch verführen sie dazu, viel mehr Kalorien als nötig zu sich zu nehmen. Gehen Sie mit diesen Lebensmitteln bewußt um.

Hilfen für die tägliche Praxis:

• Essen Sie nicht jeden Tag Fleisch, am besten nur dreimal pro Woche. Es sollte nur Beilage und nicht Hauptbestandteil Ihrer Mahlzeit sein. Essen Sie weniger Wurst. Bevorzugen Sie stets fettarme Sorten, die zwar den gleichen Cholesteringehalt haben wie die fettreichen Sorten, aber wenig Fett und damit wenig gesättigte Fettsäuren.
• Essen Sie mindestens einmal, besser zweimal pro Woche Seefisch. Vor allem Hering, Makrele und Lachs enthalten die blutfettsenkenden Fettsäuren.
• Essen Sie an den restlichen Tagen der Woche Hauptgerichte aus Getreide, Teigwaren, Kartoffeln, Naturreis, Soja, Hülsenfrüchten und Gemüse.
• Ergänzen Sie Ihre Kost täglich durch fettarme Milchprodukte. Je niedriger deren Fettgehalt, desto weniger gesättigte Fettsäuren und Cholesterin enthalten sie!
• Verzichten Sie auf besonders cholesterinreiche Nahrungsmittel wie Hirn, Innereien, Eier sowie Krustentiere. Sie sollten pro Tag weniger als 300 mg Cholesterin mit der Nahrung zuführen.
• Belegen Sie Ihr Brot (bevorzugt Vollkornbrot) statt mit Wurst öfter mit pflanzlichen Brotaufstrichen, Magerquarkzubereitungen, magerem Käse oder Geflügelsülze.
• Nehmen Sie besser frisches Obst als Dessert statt süße, fetthaltige Nachspeisen.
• Naschen Sie lieber ein wenig Nüsse oder Kerne als Kartoffelchips, Kräcker, Kuchen oder Schokolade.
• Verwenden Sie für die Zubereitung von Speisen und Salaten stets Pflanzenöle, als Streichfett Pflanzenmargarine (→ Sichtbare Fette Seite 19).
• Fettarme Zubereitungsarten und welches Fett wofür geeignet ist, finden Sie auf Seite 24.

Nutzen Sie die Vorteile pflanzenreicher Kost

Bei einem hohen Anteil pflanzlicher Lebensmittel in der Nahrung wie in den Mittelmeerländern, kommen Herz-Kreislauf-Erkrankungen nur selten vor. Viele Inhaltsstoffe pflanzlicher Nahrungsmittel haben offensichtlich eine schützende Wirkung vor Atherosklerose, die wir nutzen sollten.

Ballaststoffe in Hülsenfrüchten, Hafer, Obst und Gemüse senken erhöhte LDL-Cholsterinspiegel.

Vitamin E in Vollkornprodukten, Pflanzenölen und Nüssen, *Vitamin C* in Obst, Gemüse, Salaten und Kräutern, schützen das LDL-Cholesterin vor Oxidation.

Bioaktive Substanzen (sekundäre Pflanzenstoffe) wie *Carotinoide* (Beta-Carotin in gelben, orangen und grünen Gemüsen und Früchten oder Lycopin in Tomaten), *Sulfide* in Knoblauch und Zwiebeln, *Flavonoide* wie Anthocyane in Beeren, blauen Trauben und in Rotwein, *Phytosterine* in Nüssen, Kernen und Samen, *Saponine* in Hülsenfrüchten und Kräutern wie Salbei oder Rosmarin wirken cholesterin- und blutdrucksenkend bis hin zu oxidations- und blutgerinnungshemmend.

Eiweiße der Sojabohne senken das Cholesterin.

- Nutzen Sie die Vorteile pflanzlicher Nahrungsmittel und erhöhen Sie deshalb ihren Anteil in der täglichen Kost.
- Achten Sie darauf, daß Sie täglich mindestens 30 g Ballaststoffe aufnehmen. Den Ballaststoffgehalt der Nahrungsmittel finden Sie in den Tabellen.
- Essen Sie täglich zwei Stück (200 g) frisches Obst und drei Portionen (300 g) Gemüse, zum Teil auch als Rohkost und Salat.
- Tauschen Sie Milchprodukte und Wurstwaren öfters gegen Sojaquark (Tofu), -creme und -Brotaufstriche und Fleisch gegen Sojaprodukte, die Sie ähnlich wie Fleisch zubereiten können, aus. In den Tabellen (→ Seiten 67/70) finden Sie viele Lebensmittel mit Soja.

Wenn Sie auch erhöhte Triglycerid-Werte haben: Schränken Sie den Zucker- und Alkoholkonsum ein!

Beachten Sie, daß in Kuchen, Marmelade, süßen Milchprodukten, vor alllem aber in süßen Getränken versteckter Zucker enthalten ist.

• Süßen Sie statt mit Zucker oder Honig mit kalorienfreien Süßstoffen, bevorzugen Sie Nahrungsmittel und Getränke, die mit kalorienfreien Süßstoffen gesüßt sind.
• Auf alkoholische Getränke sollten Sie verzichten.

Bewegen Sie sich regelmäßig, entspannen Sie sich regelmäßig, geben Sie vor allem das Rauchen auf!

Mit Hilfe dieser Maßnahmen erhöht sich das gefäßschützende HDL-Cholesterin im Blut – die Ernährungsumstellung allein kann das nicht bewirken.

• Es gibt viele Möglichkeiten, in Ihren Alltag Bewegung einzubauen: Nicht mit dem Lift fahren, sondern die Treppe benutzen, jeden Abend um den Block gehen, mit dem Fahrrad ins Grüne oder an den nahen See zum Schwimmen fahren. Wenn Sie wieder Sport treiben möchten, sollten Sie zuvor Ihren Arzt um Rat fragen.
• Auch bei der Entspannung ist es nicht so wichtig, was Sie tun, sondern daß Sie etwas tun: Einfach ein paarmal am Tag auf den Boden legen, ruhig atmen, an nichts denken, autogenes Training oder Yoga in der Volkshochschule lernen. Es gibt viele Entspannungsmöglichkeiten dieser Art; nutzen Sie diese Hilfen regelmäßig.
• Wenn Sie auf diese Weise mehr Körperbewußtsein bekommen haben, fällt es Ihnen leichter, mit dem Rauchen ein für allemal aufzuhören. Wenn Sie dabei die Hilfe durch eine Gruppe benötigen, sollten Sie sich an Volkshochschulen oder Gesundheitsbildungsstätten wenden.

Steckbrief: Fette

Der durchschnittliche Fettverzehr liegt bei 130 g pro Tag! Das ist viel zu hoch. 60 bis 80 g sind das richtige Maß. An erster Stelle sollte bei »versteckten« Fetten gespart werden, denn sie sind an dem hohen Fettverzehr am meisten beteiligt.

Versteckte Fette

Versteckte Fette sind überwiegend tierischen Ursprungs und enthalten einen hohen Anteil an gesättigten Fettsäuren, die das »böse« LDL-Cholesterin erhöhen. Das gilt zum kleineren Teil auch für Fette pflanzlicher Herkunft, die beispielsweise in Schokolade und Pralinen (Kakaobutter), Kuchen und Gebäck (Backmargarine) oder in Kartoffelchips (Fritierfett) versteckt sind.

Mit Hilfe des Kompasses können Sie den Fettgehalt der Lebensmittel ermitteln. Die Graphik Seite 20/21 zeigt Ihnen, wie viel davon in etwa gesättigte Fettsäuren sind. Die Aufnahme von gesättigten Fettsäuren sollte weniger als ein Drittel der Fettmenge pro Tag ausmachen. Eine genaue Berechnung ist nicht notwendig, wenn Sie sich an folgende Regeln halten:

- Schränken Sie bewußt den Verzehr von tierischen Lebensmitteln ein.
- Bei Lebensmitteln, deren Fett zu mehr als 35% aus gesättigten Fettsäuren besteht (Wurst, Käse), sollten Sie immer die fettarmen Sorten wählen.
- Lebensmittel, die keine fettarme Alternative haben, sollten Sie meiden oder zumindest die Verzehrmenge einschränken.
- Achten Sie darauf, daß Sie täglich nicht mehr als 30 bis 40 g verstecktes Fett zu sich nehmen.

Sichtbare Fette

Bei sichtbaren Fetten ist es viel einfacher, die Fettzufuhr im Auge zu behalten. Dabei sind Pflanzenöle und -margarine den tierischen Fetten wie Butter und Schmalz sowie auch pflanzlichen Hartfetten wie Kokosfett vorzuziehen.

In pflanzlichen Fetten dominieren die einfach und mehrfach ungesättigten Fettsäuren (→ Seite 22/23), die für unsere Gesundheit eine wichtige Rolle spielen.

Nach heutiger Kenntnis wirken einfach ungesättigte Fettsäuren wahrscheinlich auf zweierlei Weise der Atherosklerose entgegen: Sie senken das »böse« LDL-Cholesterin und verhindern seine Oxidation. Nach neuesten Empfehlungen soll ihr Anteil auf mehr als ein Drittel der täglichen Fettmenge erhöht werden. Sie sind besonders in Oliven- und Rapsöl enthalten.

Mehrfach ungesättigte Fettsäuren (reichlich in Distel-, Maiskeim-, Sonnenblumen-, Soja-, Diät-Öl) sind zum einen essentiell (unser Körper braucht sie, kann sie aber nicht selbst herstellen), zum anderen senken sie auch das »böse« LDL-Cholesterin. Ihr Anteil sollte jedoch weniger als ein Drittel der täglichen Fettmenge ausmachen, da sie sonst auch das »gute« HDL-Cholesterin senken und die Oxidation von LDL-Cholesterin begünstigen.

Für die Praxis reicht folgende Regel aus:

- Achten Sie darauf, daß Sie täglich nicht mehr als 30 bis 40 g sichtbares Fett zu sich nehmen. Das sind etwa 2 Eßlöffel Öl (1 Eßlöffel Oliven- oder Rapsöl für die Zubereitung von warmen Speisen, 1 Eßlöffel Pflanzenöl mit hohem Gehalt an essentiellen Fettsäuren für Salat) und zwei gestrichene Eßlöffel Pflanzenmargarine als Streichfett. Wie Sie beim Kochen und in der kalten Küche auch mit so wenig sichtbarem Fett auskommen, erfahren Sie auf Seite 24–26.

Versteckte Fette

Milch, Milchprodukte, Käse, Eiscreme

Schokolade, Pralinen, Weichkaramellen, Nuß-Nougatcreme

Kuchen, Gebäck, Kekse, Kräcker, Blätterteiggebäck

Fettes Fleisch, Fleisch mit Fettrand, Rückenspeck, Fertiggerichte, Fast food

Mageres Fleisch, Wurstwaren, Fleischwaren

Fette Fische (Aal, Hering, Lachs, Makrele, Sprotte, Thunfisch)

Fische (Scholle), Meeresfrüchte (Austern, Scampi, Muscheln)

Cashew-, Para-, Erdnuß

Kürbiskerne, Sesam-, Mohnsamen

Pekan-, Walnüsse, Mandel-, Pinien-, Pistazien-, Sonnenblumenkerne

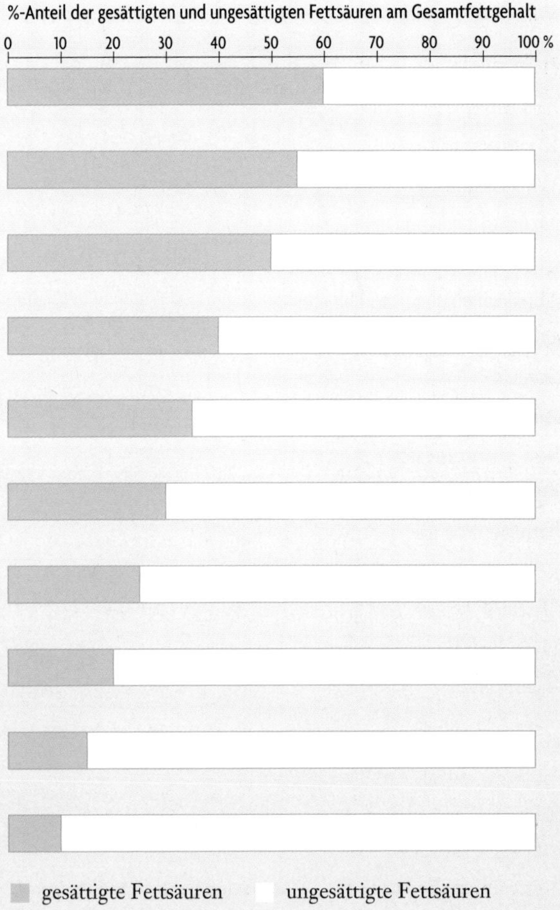
%-Anteil der gesättigten und ungesättigten Fettsäuren am Gesamtfettgehalt
0
10
20
30
40
50
60
70
80
90
100 %
gesättigte Fettsäuren
ungesättigte Fettsäuren

Sichtbare Fette

%-Anteil der gesättigten, einfach und mehrfach ungesättigten Fettsäuren am Gesamtfettgehalt

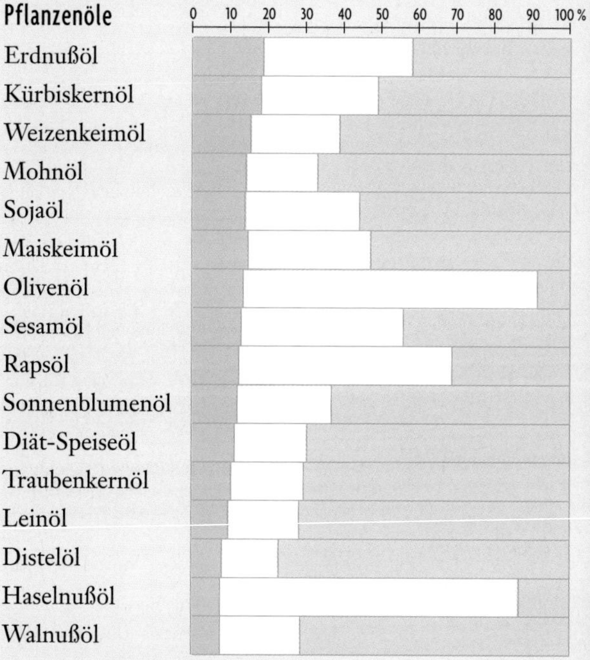

gesättigte Fettsäuren — einfach ungesättigte Fettsäuren — mehrfach ungesättigte Fettsäuren

%-Anteil der gesättigten, einfach und mehrfach ungesättigten Fettsäuren am Gesamtfettgehalt

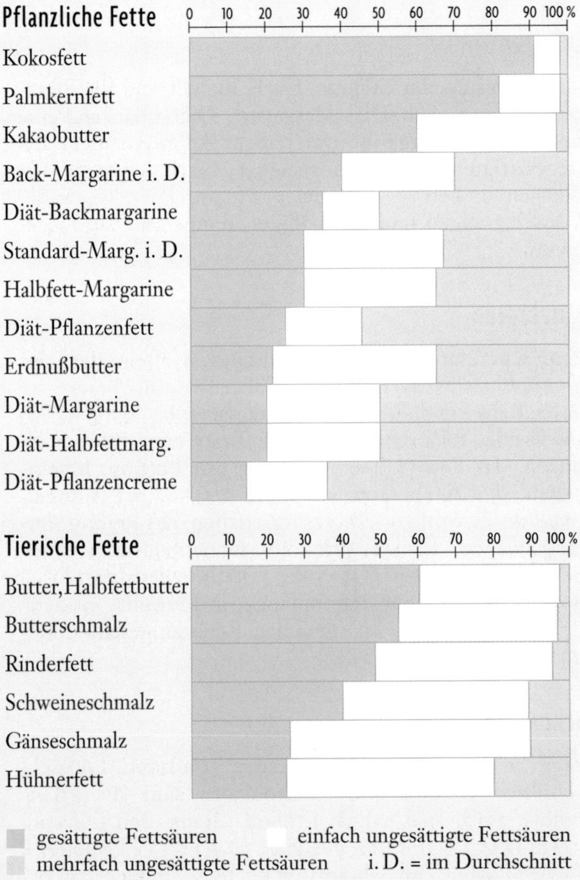

Kochen, Braten, Backen, kalte Küche Welches Fett wofür?

Dünsten

Zum Dünsten von Gemüse, Fisch, Fleisch sind alle Pflanzenöle, aber auch Diät-Margarine, Diät-Pflanzencreme und Pflanzenmargarine mit hohem Anteil an mehrfach ungesättigten Fettsäuren geeignet. Nach leichtem Andünsten in Fett (1 Teelöffel = 5 g pro Portion), wenig Wasser zufügen und bei mäßiger Temperatur zugedeckt garen.

Kurzbraten

Zum Kurzbraten von Fisch, Fleisch, Kartoffelpuffer oder Gemüsebratlingen sind alle Pflanzenöle, am besten jedoch Raps- und Olivenöl (vertragen hohe Temperatur) sowie Diät-Pflanzenfett geeignet. Bratpfanne trocken erhitzen, das Fett (1 Teelöffel = 5 g pro Portion) hineingeben, die Temperatur auf Stufe 1¹/2–2, bei Automatikplatte auf Stufe 6–7 herunterschalten, das Bratgut hineingeben, erst wenn es sich vom Pfannenboden leicht abheben läßt, wenden. Ganz oder fast ohne Fett kann Fisch und Fleisch in einer Teflonpfanne, in Bratfolie, im Saftbräter, im Tontopf, im speziellen Edelstahlgeschirr oder im Grill zubereitet werden.

Schmoren

Zum Schmoren von Fleischbraten, -rouladen, Gulasch, gefülltem Gemüse wie Kohlrouladen sind alle Pflanzenöle, am besten jedoch Erdnuß-, Raps- und Olivenöl sowie Diät-Pflanzenfett geeignet. Das Fett (1 Teelöffel = 5 g pro Portion) im Schmortopf bei hoher Temperatur erhitzen, aber nicht zu lange und so hoch, bis es qualmt. Das Schmorgut kurz anbraten, dann Wasser oder andere Flüssigkeit aufgießen und zugedeckt garen.

Braten

Zum Braten von großen Fleischstücken im Backrohr ist kein Fett, sondern nur Flüssigkeit, die während der langen Bratzeit öfters nachgefüllt werden muß, notwendig.

Backen

Zum Backen von Kuchen ist Backpapier dem üblichen Einfetten der Backform vorzuziehen. Für die Teig-Zubereitung sind Diät-Backmargarine, Diät-Pflanzencreme und Pflanzenmargarine mit hohem Anteil an mehrfach ungesättigten Fettsäuren geeignet. Die Backtemperatur im Kuchen selbst beträgt nur 90 bis 100 Grad Celsius, so daß die Fettqualität erhalten bleibt. Herkömmliche Backmargarinen enthalten zuviel gesättigte Fettsäuren und sind daher nicht empfehlenswert.

Kalte Küche

Für Salat- und Rohkost-Zubereitung sind Pflanzenöle mit hohem Anteil an mehrfach ungesättigten Fettsäuren zu bevorzugen (z. B. Distel-, Soja-, Sonnenblumen-, Maiskeim-, Diät-Öl). Bei der Bezeichnung Speise- oder Reines Pflanzenöl handelt es sich um Rapsöl oder ein Gemisch aus verschiedenen Ölen. Die meisten Pflanzenöle sind raffiniert und haben daher einen neutralen Geschmack. Eigene Geschmacksnoten haben dagegen »natives« Olivenöl sowie kaltgepreßte, nicht raffinierte Öle wie Weizenkeim-, Lein-, Traubenkern-, Kürbiskern-, Sesam-, Haselnuß-, Walnuß- oder Mohnöl. Schon ein paar Tropfen kaltgepreßtes Öl zum geschmacksneutralen Pflanzenöl reichen aus, um Salat und Rohkost einen besonderen Pfiff zu verleihen. Knackig frisch bleiben Salate und Rohkost, wenn sie zuerst mit Öl (1 Teelöffel = 5 g pro Portion) vermischt werden und erst dann mit Gewürzen und Essig oder Zitronensaft angemacht werden.

Fritieren

Zum Fritieren von Fleisch, Fisch, Gemüse, Pommes sind raffiniertes Raps-, Oliven- und Erdnußöl sowie Diät-Pflanzenfett geeignet. Herkömmliche Fritierfette enthalten zuviel gesättigte Fettsäuren und sind daher ungeeignet. Überhaupt enthält Fritiertes zuviel Fett und sollte gemieden werden. Wer trotzdem fritieren will, sollte beachten: Die ideale Fritiertemperatur liegt bei 180 Grad Celcius. Bei niedrigerer Temperatur nimmt das Fritiergut zuviel Fett auf. Die Temperatur sinkt auch, wenn zuviel auf einmal fritiert wird, deshalb nicht zuviel auf einmal ausbacken. Das Fritierfett sollte höchstens 2mal verwendet werden. Nach der Verwendung abkühlen lassen, durch ein feines Sieb abseihen und kühl lagern. Das Fett nach 2maliger Verwendung komplett erneuern, nicht mit frischem Fett ergänzen, das alte Fett würde das frische schnell mitverderben.

Streichfett

Zum Streichen aufs Brot ist Diät-Margarine und Diät-Halbfettmargarine am besten geeignet. Die neue Olivenöl-Margarine und -Halbfettmargarine sind wegen ihrem hohen Anteil an einfach ungesättigten Fettsäuren auch besonders wertvoll. Erst seit kurzer Zeit sind spezielle Diät-Halbfettmargarinen mit Pflanzensterinen auf dem Markt, die nachweislich helfen sollen, erhöhten Cholesterinspiegel zu senken.

Bei streichfähigen Brotaufstrichen kann auf Streichfett ganz verzichtet werden.

So helfen die Lebensmittel-Tabellen

In den Tabellen (Seiten 30 bis 112) finden Sie unsere Lebensmittel mit ihren Fett-, Cholesterin-, Ballaststoff- und Energie-(kcal/kJ-)Werten. Auf diese Werte ist bei einer cholesterinsenkenden Ernährung zu achten.

Sie werden sehr bald feststellen, daß man Tabellen ähnlich lesen kann wie ein interessantes Buch. Möglicherweise finden Sie viele, Ihnen vielleicht noch nicht bekannte Lebensmittel wie Haferkleie, Sojaprodukte, cholesterinfreien Ei-Ersatz, cholesterinreduzierte Butter, aber auch eine Reihe moderner Lebensmittel, die mit einem Sternchen (*) markiert sind.

• Im Vergleich zu den herkömmlichen Produkten enthalten die solcherart gekennzeichneten Lebensmittel weniger Fett und/oder weniger Zucker und somit weniger Kalorien, oder diese Lebensmittel haben eine günstige Fettzusammensetzung. Als gesündere Alternativen sind sie stellvertretend für all die Produkte aufgeführt, die heute im Handel als »leicht«, »light« oder »Diät« angeboten werden.

• Um Ihnen einen schnellen Überblick zu ermöglichen, sind die Lebensmittel in Gruppen vorgestellt.

• Lebensmittel, die es in mehreren Varianten gibt, mit beispielsweise unterschiedlichen Fettgehalten, sind jeweils nacheinander aufgeführt. Auf diese Weise können Sie stets die Werte miteinander vergleichen, was Ihnen die richtige Wahl ermöglicht.

Wenn Sie beispielsweise die Seite 36 aufschlagen, finden Sie Speisequark mit 40%, 20%, 10% Fettgehalt und Magerquark mit ihren unterschiedlichen Fett-, Cholesterin- und Energiewerten im Vergleich. Unterschiede wie diese gibt es bei allen Milchprodukten und Käse, woraus Sie lernen: *Je weniger Fett in diesen Lebensmitteln ist, desto weniger Cholesterin und Kalorien enthalten sie.* Sie wissen auch, daß Milchfett überwiegend gesättigte Fettsäuren enthält, die das »böse« LDL-Cholesterin erhöhen. Daher sollten Sie stets die fettärmeren Milchprodukte bevorzugen.

Bei Fleisch- und Wurstwaren dagegen können Sie ablesen, daß die fettarmen Sorten genausoviel Cholesterin enthalten wie die fettreichen. Spätestens jetzt werden Sie verstehen, warum Sie Fleisch- und Wurstwaren allgemein einschränken sollten.

Beachten Sie aber, daß tierische Fette reichlich gesättigte Fettsäuren enthalten, die Sie einschränken sollen. Daher sollten Sie die fettarmen Produkte bevorzugt auswählen

• Pflanzliche Lebensmittel sollten Sie bei Ihrer Ernährung bevorzugen. Wählen Sie stets solche, die viel Ballaststoffe enthalten.

• In den Tabellen finden Sie auch industriell hergestellte Halbfertig- und Fertigprodukte mit den vom Hersteller angegebenen Werten. *Leider sind die Herstellerangaben, was den Gehalt von Cholesterin und Ballaststoffen angeht, unvollständig* (→ auch Seite 29).

Wenn Sie Ihre Gerichte selbst zubereiten, können Sie den Gehalt an Cholesterin und Ballaststoffen bei den ausgewählten Lebensmitteln in diesem Kompaß ablesen und besser kontrollieren. Fertiggerichte (Ausnahme: Leicht-Fertiggerichte) enthalten meist zuviel Fett mit hohem Anteil an gesättigten Fettsäuren. Sie sind deshalb nicht zu empfehlen. Nutzen Sie den Kompaß schon als Einkaufshilfe!

• Beachten Sie, daß die Angaben (bis auf wenige ausgewiesene Ausnahmen) auf *100 g verzehrbaren Anteil des Lebensmittels* bezogen sind, weshalb beim Einkauf sowohl die tatsächliche Portionsgröße als auch der Abfall durch Putzen oder Schälen zu berücksichtigen sind.

Über die Zubereitung Ihrer Mahlzeiten und richtige Zusammenstellung Ihrer Kost finden Sie viel Interessantes im GU-Bildkochbuch »Cholesterinspiegel senken« und im GU-Ratgeber »Mittelmeerdiät«, die auch eine Fülle von Rezepten für wohlschmeckende Gerichte enthalten.

Wichtige Hinweise

Die wissenschaftliche Forschung ist immer im Fluß und bringt stets neue Erkenntnisse. Die Bundesanstalt für Fleischforschung hat beispielsweise ermittelt, daß die Fettwerte für Fleisch niedriger liegen als bisher in Nährwerttabellen angegeben. Dadurch sei auch bei den meisten Wurstsorten der Fettgehalt gesunken. Die deutsche Wurst mag danach im Durchschnitt zwar nur 25 g Fett in 100 g enthalten, die Schwankungen zwischen den einzelnen Sorten sind jedoch sehr hoch. Der tatsächliche Fettgehalt kann bis zu 55 g Fett pro 100 g Wurst betragen. Insofern gibt es nach wie vor keinen Freispruch für Salami, Knacker und Co. Die meisten Hersteller von Wurst- und Fleischwaren bieten heute aber auch fettarme und fettreduzierte Sorten an, die Sie im Kühlregal finden. Bei Produkten, die so deklariert sind, wird immer der Fett- und Kaloriengehalt auf dem Etikett ausgewiesen. Nur wenige Hersteller von Wurst- und Fleischwaren sowie von Fertiggerichten geben den Cholesteringehalt ihrer Produkte an. Dies soll Sie jedoch nicht verunsichern. Wenn Sie sich insgesamt fettarm ernähren und den Verzehr tierischer Lebensmittel auf ein vernünftiges Maß einschränken, überschreiten Sie kaum Ihre Cholesterinzufuhr von höchstens 300 mg pro Tag. Dank der neuen wissenschaftlichen Erkenntnissen gibt es heute Produkte (Halbfettmargarinen, Milchgetränke, Joghurtdrinks) auf dem Markt, die mit Pflanzensterinen angereichert sind. Pflanzensterine haben eine ähnliche Struktur wie das Cholesterin und können seine Aufnahme vom Darm in die Blutbahn verhindern. Sie wirken nachweislich cholesterinsenkend. Einige dieser Produkte sind in diesem Kompaß aufgeführt.

Zeichenerklärung

kcal	= Kilokalorie
kJ	= Kilojoule (sprich -dschul), 1 kcal = 4,2 kJ
g	= Gramm
mg	= Milligramm (1 mg = 0,001 g)
Fett i.Tr.	= Fett in Trockenmasse
i. D.	= im Durchschnitt
*	= Lebensmittel mit weniger Fett/Zucker = weniger Kalorien und/oder weniger Cholesterin und/oder einer günstigen Fettzusammensetzung.
0	= Im Lebensmittel nicht enthalten.
+	= Im Lebensmittel in Spuren enthalten.
–	= Es liegen keine Daten vor.
TK	= Tiefkühlkost
x	= Herstellerangaben

Lebensmittel 100 g	Fett g	Cholesterin mg	Ballaststoffe g	Energie kcal	Energie kJ
Milch, Milchprodukte, Eier					
Milch					
Rohmilch, Vorzugsmilch	3,8	14	0	67	279
Vollmilch, 3,5% Fett	3,5	13	0	66	275
Fettarme Milch 1,5% Fett	1,5	6	0	48	201
Magermilch (entrahmt), 0,1% Fett	0,1	1	0	35	147
Milchpulver					
Sahnepulver	42,0	142	0	595	2490
Vollmilchpulver	26,3	98	0	504	2110
Milchpulver, teilentrahmt	13,5	54	0	432	1805
Magermilchpulver	0,9	+	0	365	1530
Milchmischgetränke					
*becel pro aktiv, Diät-Milchgetränk mit Pflanzensterinen	1,8	0	0	48	203
Fruchtmilch					
aus Vollmilch	3,3	12	+	85	355
aus fettarmer Milch	1,4	6	+	68	284
*Fruchtmilch, »leicht«	1,0	4	+	54	224
aus Magermilch	0,1	1	+	56	235
*Diät-Fruchtmilch					
Kakao-/Schokotrunk					
aus Vollmilch	3,5	12	+	82	344
aus fettarmer Milch	1,6	6	+	65	273
aus Magermilch	0,3	1	+	54	226
*Diät-Kakaotrunk	0,1	0	+	55	228
Nußmilch aus Vollmilch	3,3	12	+	89	370
Vanillemilch					
aus Vollmilch	3,3	12	0	85	355
aus fettarmer Milch	1,4	6	0	68	284
*Vanillemilch »leicht«	1,0	4	0	54	224

* = weniger Kalorien/weniger Zucker   + = in Spuren enthalten   0 = nicht enthalten

Lebensmittel 100 g	Fett g	Cholesterin mg	Ballaststoffe g	Energie kcal	Energie kJ
Vanillemilch					
aus Magermilch	0,1	1	0	55	232
*Diät-Vanillemilch aus Magermilch	0,1	1	0	43	180
Buttermilch, -getränke					
Buttermilch	0,5	2	0	35	147
Frucht-Buttermilch	0,6	2	+	64	269
*Diät-Frucht-Buttermilch	0,4	2	+	35	145
Mocca-Buttermilch mit Sahne	5,0	19	0	110	459
Multivitamin-Buttermilch	0,1	1	+	66	275
Dickmilch					
Sahne-Dickmilch, 10% Fett	10,0	37	0	124	518
Dickmilch, 3,5% Fett	3,5	13	0	65	273
Fettarme Dickmilch, 1,5% Fett	1,5	6	0	48	201
Mager-Dickmilch, 0,1% Fett	0,1	1	0	35	146
Frucht-Dickmilch i D.					
Sahne-Frucht-Dickmilch	8,7	32	+	149	625
Frucht-Dickmilch, 3,5% Fett	3,1	11	+	99	416
Fettarme Frucht-Dickmilch, 1,5% Fett	1,3	5	+	78	327
*Diät-Frucht-Dickmilch, 1,5% Fett	1,3	5	+	52	219
Joghurt					
Sahnejoghurt, 10% Fett	10,0	37	0	124	518
Vollmilchjoghurt, 3,5% Fett	3,5	13	0	65	273
Fettarmer Joghurt, 1,5% Fett	1,5	6	0	48	201
Magerjoghurt, 0,1% Fett	0,1	1	0	35	146
Schafmilchjoghurt, 6% Fett	6,0	9	0	94	393

* = weniger Kalorien/weniger Zucker + = in Spuren enthalten 0 = nicht enthalten

Lebensmittel 100 g	Fett g	Cholesterin mg	Ballaststoffe g	Energie kcal	Energie kJ
Joghurtprodukte					
Joghurtprodukte aus Sahne, 10% Fett					
Mokka-Sahne-Joghurt	8,5	31	0	149	624
Sahne-Frucht-Joghurt	8,7	32	+	149	625
*Diät-Sahne-Frucht-Joghurt mit Ballaststoffen	8,4	27	0,5	124	519
Joghurtprodukte aus Vollmilch, 3,5% Fett					
Bircher-Müsli-Joghurt	3,6	13	0,8	125	521
Frucht-Joghurt i. D.	3,1	11	+	99	416
*Diät-Frucht-Joghurt	3,1	11	+	75	313
Frucht-Joghurt, Dreikorn-	2,5	9	0,5	111	463
*Diät-Dreikorn-Frucht-Joghurt	2,9	11	0,5	79	329
Frucht-Joghurt mit Getreide	3,0	11	0,7	117	450
Früchte-Müsli-Joghurt	4,5	17	0,8	116	486
*Diät-Früchte-Müsli-Joghurt	3,5	13	0,8	99	414
*Kleie-Diät-Müsli-Joghurt	3,7	14	0,6	79	331
Honig-Joghurt	2,8	10	0	122	511
Knusper-Joghurt	6,0	13	0,6	130	544
Kur-Müsli-Joghurt	6,0	13	0,6	130	544
Mokka-Joghurt	3,5	13	0	112	468
Nuß-Joghurt	3,1	11	+	99	416
Sanoghurt	3,5	13	0	66	275
Schlemmer-Joghurt i. D.	3,9	14	+	119	499
Schoko-Joghurt	3,3	12	+	131	549
Schrot & Korn-Joghurt	4,2	13	0,6	106	442
Studentenfutter-Joghurt	7,0	11	0,7	137	573
Vanille-Joghurt	3,0	11	0	98	409
Vollkorn-Bioghurt	2,9	11	–	107	450
Trinkjoghurt	3,3	12	0	90	376
Multivitamin-Trinkjoghurt	3,3	12	+	90	376

* = weniger Kalorien/weniger Zucker + = in Spuren enthalten 0 = nicht enthalten

Lebensmittel 100 g	Fett g	Cholesterin mg	Ballaststoffe g	Energie kcal	Energie kJ
Joghurtprodukte aus fettarmer Milch, 1,5% Fett					
Frucht-Joghurt i. D.	1,3	5	+	83	346
*Diät-Frucht-Joghurt i. D.	1,3	5	+	50	211
Frucht-Joghurt mit Körnern	1,4	5	0,2	95	400
Frucht-Joghurt mit Körnern und Nüssen	1,7	6	0,8	99	413
*Diät-Frucht-Joghurt mit Ballaststoffen	1,7	6	0,1	62	260
Müsli-Joghurt	1,4	5	0,6	105	439
*Diät-Müsli-Fruchtjoghurt	1,3	5	0,6	49	206
Sanoghurt	1,5	6	0	46	193
Trinkjoghurt	1,4	5	0	73	305
*Diät-Trinkjoghurt mit Frucht	1,1	4	+	44	186
Joghurtprodukte aus Magermilch, 0,1% Fett					
Frucht-Joghurt i. D.	0,1	1	+	72	300
*Frucht-Joghurt »extra leicht«	0,1	1	+	47	200
*Diät-Frucht-Joghurt i. D.	0,1	1	+	44	200
Sanoghurt	0,1	1	0	36	151
Trinkjoghurt	0,1	1	0	61	256
*becel pro activ Diät-Joghurt mit Pflanzensterinen	**0,5**	**0**	**0**	**45**	**189**
Kefir, Kefirprodukte					
Sahnekefir, 10% Fett	10,0	37	0	125	529
Kefir aus Vollmilch, 3,5% Fett	3,5	13	0	65	273
Kalinka-Kefir, löffelfest	3,5	13	0	68	284
Kefir aus fettarmer Milch, 1,5% Fett	1,5	6	0	48	199
Fruchtkefir Sahne-Fruchtkefir i. D.	8,2	30	+	146	609

* = weniger Kalorien/weniger Zucker + = in Spuren enthalten 0 = nicht enthalten

Lebensmittel 100 g	Fett g	Cholesterin mg	Ballaststoffe g	Energie kcal	Energie kJ
*Diät-Sahne-Fruchtkefir i. D.	8,5	32	+	121	507
Sahne-Fruchtkefir, Vollkorn	8,5	31	0,5	149	623
Fruchtkefir, 3,5% Fett	2,8	10	+	99	416
Fruchtkefir, 1,5% Fett	1,3	5	+	83	346
Multivitamin-Kefir, 1,5% Fett	1,3	5	+	78	325
Kondensmilch					
Kondensmilch,					
10% Fett	10,0	38	0	181	758
8%, Fett, gezuckert	8,0	32	0	337	1405
7,5% Fett	7,5	28	0	137	574
4% Fett, gezuckert	4,0	16	0	302	1265
4% Fett	4,0	16	0	113	473
Kondens-Magermilch,					
0,2% Fett	0,2	2	0	85	357
0,2% Fett, gezuckert	0,2	2	0	281	1180
Molke					
Molke, Trinkmolke	0,2	2	0	24	103
Fruchtmolke i. D.	0,1	1	+	55	233
*Diät-Molke-Fruchtgetränk	0,1	1	+	29	122
Kurmolke, eiweißangereichert	0,1	1	0	37	156
*Diät-Kurmolke	0,3	2	0	39	164
Schlagsahne					
Crème double, 42% Fett	43,1	125	0	432	1805
Schlagsahne					
extra, 36% Fett	36,0	105	0	357	1490
30% Fett	30,0	90	0	293	1225
10% Fett (Kaffeesahne)	10,0	39	0	118	495

* = weniger Kalorien/weniger Zucker + = in Spuren enthalten 0 = nicht enthalten

Lebensmittel 100 g	Fett g	Chole-sterin mg	Ballast-stoffe g	Energie kcal	Energie kJ
Sprühschlagrahm					
33% Fett, gezuckert	33,0	96	0	349	1460
30% Fett, gezuckert	30,0	89	0	326	1365
*Diät-Sprühsahne	14,5	54	0	188	787
Streichfein	26,0	80	0	267	1127
Streichrahm					
28% Fett	28,0	85	0	278	1165
22% Fett	22,0	70	0	223	933
Saure Sahne					
Crème fraîche					
40% Fett	40,0	117	0	392	1640
38% Fett	38,0	111	0	373	1560
30% Fett	30,0	90	0	302	1265
Crème fraîche mit Kräutern					
38% Fett	37,2	109	+	369	1545
28% Fett	28,4	83	+	289	1210
Crème fraîche à la Béchamel	18,5	59	0	210	880
Crème fraîche à la Hollandaise	25,0	73	0	255	1065
Cocktail-Crème fraîche	25,0	73	0	263	1200
Saure Sahne					
Sauerrahm/Schmand, 24% Fett	24,0	75	0	255	1070
Saure Sahne extra, 18% Fett	18,0	60	0	194	811
10% Fett	10,0	37	0	122	508
Hüttenkäse, körniger Frischkäse					
Hüttenkäse, 20% Fett i.Tr.	5,0	18	0	103	430
Hüttenkäse mit Früchten					
20% Fett i. Tr.	4,0	14	+	140	585
10% Fett i. Tr.	2,0	7	+	95	396

* = weniger Kalorien/weniger Zucker/weniger Fett   + = in Spuren enthalten
0 = nicht enthalten

Lebensmittel 100 g	Fett g	Cholesterin mg	Ballaststoffe g	Energie kcal	Energie kJ
Schichtkäse					
Schichtkäse					
40% Fett i. Tr.	10,3	38	0	153	639
20% Fett i. Tr.	4,4	16	0	106	442
10% Fett i. Tr.	2,0	7	0	86	361
Schichtkäse mit Früchten, 20% Fett i. Tr.	3,7	13	+	130	546
Schichtkäse mit Kräutern, 40% Fett i. Tr.	10,2	38	+	151	634
Speisequark					
Speisequark					
40% Fett i. Tr.	10,3	31	0	148	621
20% Fett i. Tr.	4,4	16	0	106	442
10% Fett i. Tr.	2,0	7	0	86	361
mager, 0,2% Fett absolut	0,2	1	0	72	301
Fruchtquark					
30% Fett i. Tr.	6,3	19	+	150	626
20% Fett i. Tr.	3,7	13	+	130	546
10% Fett i. Tr.	1,7	6	+	113	475
mager, 0,2% Fett absolut	0,2	1	+	102	425
*Ballast-Diät-Quark	3,6	13	1,3	83	348
*Diät-Fruchtquark, mager	0,2	1	+	54	224
*Fruchtquark »leicht«	0,3	1	+	71	297
Müsli-Fruchtquark	4,3	16	1	120	502
Kräuterquark					
40% Fett i. Tr.	10,2	31	+	151	634
20% Fett i. Tr.	4,3	16	+	104	435
10% Fett i. Tr.	2,0	7	+	86	361
mager, 0,2% Fett absolut	0,2	1	+	60	240

* = weniger Kalorien/weniger Zucker   + = in Spuren enthalten   0 = nicht enthalten

Lebensmittel 100 g	Fett g	Cholesterin mg	Ballaststoffe g	Energie kcal	Energie kJ
Frischkäse, -zubereitungen					
Doppelrahmfrischkäse 70% Fett i. Tr.	31,0	93	0	325	1360
60% Fett i. Tr.	28,0	84	0	286	1197
*Du darfst-Frischkäse	8,0	24	0	132	551
*Frischkäse »leicht«	15,0	45	0	190	798
*becel Diät Crema pur	24	15	0	272	1126
*becel Diät Crema feine Kräuter	22	15	0	251	1040
*becel Diät Crema Tomate-Basilikum	21	15	0	244	1012
*Bresso »light«	10,0	30	+	154	647
*Exquisa »leicht«	8,5	25	+	135	570
*Exquisa »Sport«	7,0	21	0	130	540
*Miree »leicht«	9,0	27	+	140	580
*Philadelphia »Fitness«	16,0	45	0	190	800
*Tartare »leicht«	7,0	25	+	129	540
Mascarella	45,0	125	0	445	1820
Mascarpone	47,5	138	0	460	1925
Käse					
Allgäuer Landkäse, 65% Fett i. Tr.	38,2	89	0	433	1815
Allgäuer Hartkäse, 45% Fett i. Tr.	31,0	70	0	407	1704
*Allgäutaler »leicht«	18,0	40	0	300	1260
Alpenkäse, 55% Fett i. Tr.	34,0	80	0	401	1680
Alpensonne, 20% Fett i. Tr.	10,8	25	0	234	978
Appenzeller, 50% Fett i. Tr.	31,6	74	0	406	1695
Baars D'OR, 50% Fett i. Tr.	30,0	90	+	363	1526
Bavariablu, 70% Fett i. Tr.	44,0	112	0	460	1930
Bergader Edelpilz, 50% Fett i. Tr.	27,0	69	0	370	1550
*Bergader Blau, »leicht«, 26% Fett i. Tr.	16,0	37	0	250	1050
Bergkäse, 45% Fett i. Tr.	30,0	70	0	407	1704

* = weniger Kalorien/weniger Fett + = in Spuren enthalten 0 = nicht enthalten

Lebensmittel 100 g	Fett g	Cholesterin mg	Ballaststoffe g	Energie kcal	Energie kJ
Brie					
70% Fett i. Tr.	40,0	112	0	431	1805
60% Fett i. Tr.	33,2	93	0	378	1585
50% Fett i. Tr.	25,5	72	0	328	1373
45% Fett i. Tr.	21,8	51	0	293	1225
Butterkäse					
60% Fett i. Tr.	34,7	81	0	402	1680
45% Fett i. Tr.	23,5	54	0	310	1295
30% Fett i. Tr.	16,0	37	0	262	1095
Caciotta, 45% Fett i. Tr.	24,9	58	0	328	1373
Camembert					
70% Fett i. Tr.	40,0	112	0	431	1805
50% Fett i. Tr.	25,5	72	0	328	1373
45% Fett i. Tr.	21,8	51	0	293	1225
30% Fett i. Tr.	12,8	30	0	218	911
*becel Diät Milde Reife	32,0	18	0	365	1512
*Du darfst-Camembert	14,0	33	0	219	914
*rank + fein, 10% Fett i. Tr.	3,6	12	0	142	604
Chester					
50% Fett i. Tr.	32,4	76	0	417	1745
45% Fett i. Tr.	28,8	68	0	389	1625
Danbo, 45% Fett i. Tr.	25,4	59	0	343	1435
Edamer					
45% Fett i. Tr.	25,4	59	0	343	1435
40% Fett i. Tr.	22,3	52	0	318	1330
30% Fett i. Tr.	16,0	37	0	270	1130
*Du darfst-Edamer	17,0	39	0	265	1105
Edelpilzkäse					
70% Fett i. Tr.	44,7	104	0	482	2020
60% Fett i. Tr.	39,1	90	0	450	1880
50% Fett i. Tr.	29,6	69	0	374	1565

* = weniger Kalorien/weniger Fett   0 = nicht enthalten

Lebensmittel 100 g	Fett g	Cholesterin mg	Ballaststoffe g	Energie kcal	Energie kJ
Emmentaler, 45% Fett i. Tr.	30,0	70	0	407	1700
Esrom, 45% Fett i. Tr.	24,9	58	0	328	1373
Fetakäse					
55% Fett i. Tr.	25,1	60	0	302	1260
50% Fett i. Tr.	21,8	52	0	276	1150
40% Fett i. Tr.	16,0	38	0	229	958
Geheimratskäse, 45% Fett i. Tr.	25,0	59	0	312	1310
Gewürzkäse, 45% Fett i. Tr.	25,4	59	0	343	1435
Goldblatt, 48% Fett i. Tr.					
jung	30,4	91	0	375	1574
mittelalt	32,2	97	0	397	1668
alt	34,4	103	0	425	1786
Gouda					
50% Fett i. Tr.	29,6	69	0	374	1565
45% Fett i. Tr.	25,4	59	0	343	1435
30% Fett i. Tr.	16,0	37	0	270	1130
*Du darfst-Gouda	17,0	39	0	265	1105
Havarti, 45% Fett i. Tr.	25,4	59	0	343	1435
Harzer (Mainzer, Korbkäse), 0,5% Fett i. Tr.	0,7	3	0	163	567
Hirtenkäse mit Paprika, 45% Fett i. Tr.	25,4	59	0	343	1435
Jerome, 45% Fett i. Tr.	25,4	59	0	343	1435
Kapuzinerkäse, 55% Fett i. Tr.	33,6	78	0	405	1695
Kaschkawal					
50% Fett i. Tr.	32,4	76	0	417	1745
45% Fett i. Tr.	28,8	68	0	389	1625

* = weniger Kalorien/weniger Fett 0 = nicht enthalten

Lebensmittel 100 g	Fett g	Cholesterin mg	Ballaststoffe g	Energie kcal	Energie kJ
Käse-Creme, 55% Fett i. Tr.	26,6	62	0	319	1335
Käsefondue	16,0	36	0	200	845
Käsepastete mit Leber, 50% Fett i. Tr.	21,5	49	0	281	1175
Klosterkäse					
50% Fett i. Tr.	28,8	67	0	359	1500
60% Fett i. Tr.	34,7	81	0	402	1680
Kochkäse					
45% Fett i. Tr.	17,4	40	0	233	975
40% Fett i. Tr.	13,9	32	0	198	830
20% Fett i. Tr.	5,9	14	0	131	549
10% Fett i. Tr.	3,0	7	0	108	450
mager	0,5	2	0	86	360
Korbkäse (Harzer, Mainzer), 0,5% Fett i. Tr.	0,7	3	0	136	567
Leerdammer, 45% Fett i. Tr.	28,6	86	0	374	1570
*Leerdammer »light«	17,2	52	0	287	1206
Limburger					
50% Fett i. Tr.	26,0	61	0	329	1375
40% Fett i. Tr.	19,7	46	0	285	1195
20% Fett i. Tr.	9,0	21	0	199	830
Mainzer (Harzer, Korbkäse), 0,5% Fett i. Tr.	0,7	3	0	136	567
Minell, 31,5% Fett i. Tr.	16,9	51	0	281	1180
Minibabybel, 50% Fett i. Tr.	25,0	59	0	343	1435
*Minibabybel »leicht«	11,0	25	0	205	868
Monsieur Legrand, 62% Fett i. Tr.	35,0	81	0	401	1684
Mozzarella	19,8	46	0	269	1126
Münsterkäse					
50% Fett i. Tr.	26,0	61	0	329	1375
45% Fett i. Tr.	23,0	54	0	308	1290

* = weniger Kalorien/weniger Fett 0 = nicht enthalten

Lebensmittel 100 g	Fett g	Cholesterin mg	Ballaststoffe g	Energie kcal	Energie kJ
Naturkäse mit Kümmel, 45% Fett i. Tr.	21,8	51	0	293	1225
Olmützer Quargel, 0,5% Fett i. Tr.	0,5	1	0	120	510
Pamesello, 32% Fett i. Tr.	29,0	67	0	446	1865
Parmarello, 50% Fett i. Tr.	29,6	69	0	374	1565
Parmesan					
35% Fett i. Tr.	26,0	61	0	403	1685
30% Fett i. Tr.	21,8	51	0	370	1549
Raclette-Käse, 48% Fett i. Tr.	28,0	65	0	361	1510
Rauch-Schinken-Käse, 45% Fett i. Tr.	24,5	57	0	334	1395
Räucherkäse					
50% Fett i. Tr.	29,6	69	0	374	1565
45% Fett i. Tr.	25,4	59	0	343	1435
Reibkäse aus Hartkäse, 45% Fett i. Tr.	30,0	70	0	407	1704
Romadur					
60% Fett i. Tr.	34,7	81	0	399	1670
40% Fett i. Tr.	19,7	46	0	285	1195
30% Fett i. Tr.	14,1	33	0	239	1000
20% Fett i. Tr.	9,0	21	0	199	830
Roquefort, 52% Fett i. Tr.	32,0	72	0	386	1615
Rottaler, 45% Fett i. Tr.	26,3	61	0	355	1486
*Du darfst-Rottaler	18,0	40	0	295	1245
Sandwich-Käsepastete mit Pistazien	29,2	68	0	356	1490
Schmelzkäse, Schmelzkäsezubereitung					
70% Fett i. Tr.	39,6	92	0	423	1770
60% Fett i. Tr.	32,0	74	0	371	1550
55% Fett i. Tr.	29,3	67	0	353	1480

* = weniger Kalorien/weniger Fett   0 = nicht enthalten

Lebensmittel 100 g	Fett g	Cholesterin mg	Ballaststoffe g	Energie kcal	Energie kJ
50% Fett i. Tr.	26,5	61	0	335	1400
48% Fett i. Tr.	25,0	58	0	324	1355
45% Fett i. Tr.	23,0	53	0	308	1290
40% Fett i. Tr.	19,7	45	0	281	1175
30% Fett i. Tr.	13,8	32	0	233	975
25% Fett i. Tr.	11,2	26	0	211	882
20% Fett i. Tr.	8,6	20	0	189	790
10% Fett i. Tr.	4,2	10	0	153	639
*becel Diät Schmelzzart	13,0	14	0	200	840
*Du darfst-Schmelzkäse/Ecken	9,0	28	0	177	750
Schnittkäse mit Kräutern und Gewürzen, 20% Fett i. Tr.	12,0	28	0	242	1010
Steppenkäse					
45% Fett i. Tr.	25,4	59	0	343	1435
30% Fett i. Tr.	16,0	37	0	270	1130
Tilsiter					
60% Fett i. Tr.	37,8	88	0	436	1825
45% Fett i. Tr.	25,4	59	0	343	1435
30% Fett i. Tr.	16,0	37	0	270	1130
Toast-Scheiben					
45% Fett i. Tr.	25,4	59	0	338	1415
*»leicht«, 25% Fett i. Tr.	11,0	35	0	225	940
*becel Diät Toast-Scheiben	18,0	14	0	260	1090
*Du darfst-Toast-Scheiben	12,0	38	0	220	920
Trappistenkäse					
50% Fett i. Tr.	30,7	71	0	390	1630
45% Fett i. Tr.	26,8	62	0	360	1505
Vallicella, 60% Fett i. Tr.	34,0	85	0	391	1635
Velveta					
50% Fett i. Tr.	26,0	90	0	305	1280
30% Fett i. Tr.	14,0	50	0	210	865

* = weniger Kalorien/weniger Fett 0 = nicht enthalten

Lebensmittel 100 g	Fett g	Cholesterin mg	Ballaststoffe g	Energie kcal	Energie kJ
Weichkäse					
70% Fett i. Tr.	40,0	112	0	431	1805
65% Fett i. Tr.	36,6	103	0	408	1705
55% Fett i. Tr.	29,4	83	0	356	1490
48% Fett i. Tr. Gorgonzola	27,5	78	0	325	1340
45% Fett i. Tr.	21,8	51	0	293	1225
*»leicht«, 26% Fett i. Tr.	10,5	25	0	205	858
Weinkäse					
60% Fett i. Tr.	34,7	81	0	399	1670
50% Fett i. Tr.	26,0	61	0	329	1375
45% Fett i. Tr.	23,0	54	0	308	1290
Weißlacker					
50% Fett i. Tr.	27,0	63	0	341	1425
45% Fett i. Tr.	23,0	54	0	307	1285
40% Fett i. Tr.	19,7	46	0	281	1176
Ziegenkäse, 45% Fett i. Tr.	21,8	36	0	290	1215
Eier, Ei-Ersatz					
Hühnerei, 1 Stück, 58 g (Gewichtsklasse 4)	6,2	230	0	84	351
Eidotter, 19 g	6,1	230	0	68	285
Eiweiß, 33 g	0,1	0	0	16	67
Hühnerei, 1 Stück, 48 g (Gewichtsklasse 6)	5,2	190	0	70	291
Eidotter, 16 g	5,1	190	0	57	237
Eiweiß, 27 g	0,1	0	0	13	54
*Ei-Ersatz, becel Diät-Dotterfrei, 1 Portion = 12,5 g	5,0	2	0	77	326
*Ei-Ersatz (Reformhaus), 1 Portion = 10 g	4,5	0	0	60	248

* = weniger Kalorien/weniger Fett/weniger Cholesterin 0 = nicht enthalten

Lebensmittel 100 g	Fett g	Cholesterin mg	Ballaststoffe g	Energie kcal	Energie kJ
Fette, Öle					
Tierische Fette					
Butter (Süß- und Sauerrahmbutter)	82,5	230	0	748	3125
*Hoche Butter, 85% cholesterinreduziert	82,0	42	0	743	3126
Halbfettbutter (Milchhalbfett)	40,0	113	0	398	1665
Knoblauchbutter	78,0	220	0	708	2960
Kräuterbutter	73,0	202	0	662	2766
Lachsbutter	62,0	172	0	597	2505
Roquefortbutter	75,3	210	0	719	3020
Schoko-, Honigbutter	48,0	133	0	582	2444
Butterschmalz	99,8	278	0	929	3880
Gänseschmalz	99,5	100	0	896	3747
Hammeltalg	81,3	100	0	747	3127
Lebertran	99,9	500	0	899	3775
Rindertalg	96,5	100	0	872	3647
Schweineschmalz	99,7	86	0	898	3771
Pflanzliche Fette und Öle					
Margarine	80,0	0	0	720	3024
*Diät-Margarine	80,0	0	0	720	3024
*Diät-Backmargarine	80,0	0	0	720	3024
*Margarine mit Olivenöl	80,0	0	0	720	3024
Halbfettmargarine	40,0	0	0	368	1540
*Diät-Halbfettmargarine	40,0	0	0	360	1520
*Diät-Halbfettmargarine mit Pflanzensterinen (becel pro akiv)	40,0	0	0	360	1520
Pflanzen-/Platten-/Fritierfett	100,0	0	0	900	3800
*Diät-Pflanzenfett	100,0	0	0	900	3800
*Diät-Pflanzencreme	78,0	0	0	702	2948
Pflanzenöl, *Diät-Pflanzenöl	99,9	0	0	899	3775

* = weniger Cholesterin/günstige Fettzusammensetzung 0 = nicht enthalten

Lebensmittel 100 g	Fett g	Cholesterin mg	Ballaststoffe g	Energie kcal	Energie kJ
Mischfette					
Butter-Pflanzenfett-Mischung »Irishmore«	73,0	71	0	667	2800
*Irishmore »light«	40,0	39	0	389	1635
Fische, Krustentiere, Fischwaren					
Fische					
Aal (Flußaal)	24,5	142	0	281	1174
Anglerfisch (Seeteufel)	0,7	60	0	72	301
Bachforelle (Forelle)	2,7	56	0	102	428
Barsch (Flußbarsch)	0,8	72	0	81	338
Brasse	5,5	70	0	116	485
Dorsch (Kabeljau)	0,4	50	0	73	306
Felchen (Renke)	3,2	83	0	109	455
Flunder	0,7	48	0	72	303
Flußaal (Aal)	24,5	142	0	281	1174
Flußbarsch (Barsch)	0,8	72	0	81	338
Forelle (Bachforelle)	2,7	56	0	102	428
Goldbarsch (Rotbarsch)	3,6	38	0	105	440
Hecht	0,9	63	0	89	372
Heilbutt	2,3	41	0	101	423
Hering	17,8	77	0	201	842
-Filet	15,0	60	0	207	866
Kabeljau (Dorsch)	0,4	47	0	73	306
-Filet	0,1	30	0	68	285
-Leber	65,0	–	0	609	2548
Karpfen	4,8	67	0	118	492
Katfisch (Steinbeißer)	2,8	50	0	95	399
Köhler (Seelachs)	0,8	33	0	80	336
Lachs	13,6	35	0	202	845
Lengfisch	0,6	50	0	67	281

* = weniger Kalorien/weniger Fett   0 = nicht enthalten   – = es liegen keine Daten vor

Lebensmittel 100 g	Fett g	Cholesterin mg	Ballaststoffe g	Energie kcal	Energie kJ
Makrele	11,9	69	0	180	751
Meeräsche	4,3	34	0	127	533
Ostseehering	9,2	44	0	155	649
Renke (Felchen)	3,2	83	0	109	455
Rotbarsch (Goldbarsch)	3,6	38	0	105	440
Sardine	5,2	45	0	127	533
Schellfisch	0,6	62	0	73	303
Schleie	0,7	30	0	98	410
Scholle	1,9	63	0	76	316
Schwertfisch	4,4	39	0	124	513
Seehecht	2,5	60	0	102	425
Seelachs (Köhler)	0,8	33	0	80	336
Seeteufel (Anglerfisch)	0,7	60	0	72	301
Seezunge	1,4	50	0	83	346
Steinbeißer (Katfisch)	2,8	50	0	95	399
Steinbutt	1,7	60	0	98	412
Thunfisch	7,2	80	0	182	760
Tintenfisch	0,8	170	0	68	285
Waller (Wels)	2,4	83	0	108	452
Zander	0,7	30	0	104	434
Krustentiere (ausgelöstes Fleisch)					
Auster	1,2	250	0	70	294
Blau- (Mies-, Pfahlmuschel)	1,3	160	0	51	213
Flußkrebs (Krebs)	0,5	160	0	65	270
Garnele (Speisekrabbe)	1,4	138	0	87	364
Hummer	1,9	135	0	81	338
Klaffmuschel (Steckmuschel)	1,3	113	0	54	225
Krebs (Flußkrebs)	0,5	160	0	65	270
Langusten (Scampi)	1,1	140	0	90	370

0 = nicht enthalten

Lebensmittel 100 g	Fett g	Cholesterin mg	Ballaststoffe g	Energie kcal	Energie kJ
Miesmuschel (Blau-, Pfahlmuschel)	1,3	160	0	51	213
Pfahlmuschel	1,3	160	0	51	213
Scampi (Langusten)	1,1	140	0	90	370
Speisekrabbe (Garnele)	1,4	138	0	87	364
Steckmuschel (Klaffmuschel)	1,3	113	0	54	225
Weinbergschnecke, gegart	1,0	100	0	90	376
Fischwaren					
Aal, geräuchert	28,6	190	0	329	1377
Brathering	15,2	86	0	218	911
Bückling, geräuchert	15,5	90	0	240	1003
Forelle, geräuchert	4,5	89	0	188	787
Heilbutt, geräuchert	17,1	77	0	239	998
Hering, mariniert (Bismarck-)	16,0	60	0	225	941
in Gelee	12,6	36	0	164	687
Heringsfilets					
in Dill-Kräuter-Creme	19,0	47	0	238	1010
in Mayonnaise	41,8	99	0	430	1818
in Öl	23,4	42	0	276	1159
in Schlemmersoße	32,0	90	0	328	1386
in Tomatensoße	15,0	42	0	204	853
*»Leichte Linie«-Heringsfilets					
in Gelee	6,3	33	0	111	472
in Paprika-Sauce	10,4	33	0	148	625
in Senf-Sauce	11,5	33	0	162	687
in Tomaten-Sauce	8,6	33	0	131	546
in Zwiebelmarinade	11,1	36	0	191	798
Heringshappen	22,3	–	0	246	1038
Heringstopf	22,0	–	0	240	1013
Kabeljau, getrocknet (Stockfisch)	2,5	90	0	339	1420

* = weniger Kalorien   0 = nicht enthalten   – = es liegen keine Daten vor

Lebensmittel 100 g	Fett g	Cholesterin mg	Ballaststoffe g	Energie kcal	Energie kJ
Katfisch (Steinbeißer), geräuchert	3,6	–	0	124	520
Kaviar (russischer Kaviar)	13,5	300	0	262	1097
Kaviarersatz (deutscher Kaviar)	6,5	261	0	115	479
Kaviarcreme	42,0	–	0	450	1884
Krabben in Dosen	2,5	100	0	92	385
Krabben, garniert	7,3	–	0	103	434
Krebsfleisch in Dosen	1,7	160	0	87	365
Kronsild mit Aufguß	11,2	–	0	152	645
Lachs, geräuchert	19,4	42	0	315	1317
Lachs in Dosen	8,9	34	0	178	743
Lachs in Öl	22,8	28	0	271	1133
Makrele, geräuchert	15,5	83	0	222	930
Matjeshering	22,6	60	0	267	1119
Matjesfilets, edle	12,2	60	0	156	655
Matjesfilets, Kräuter-	13,9	60	0	174	729
Räucheraal	28,6	190	0	329	1377
Rollmops	8,7	54	0	137	574
Rotbarsch, geräuchert	5,5	58	0	145	605
Sardinen in Öl	24,4	120	0	302	1264
Sardellenpaste	15,5	300	0	286	1196
Schellfisch, geräuchert	0,5	106	0	146	613
Schillerlocken	24,1	91	0	302	1264
Schillerlocken, garniert, in Gelee	11,4	–	0	142	600
Seelachs, geräuchert	0,8	44	0	98	412
Seelachsscheiben in Öl (Lachsersatz)	20,6	44	0	244	1031
Sprotten, geräuchert	18,4	80	0	260	1089
Steinbeißer (Katfisch), geräuchert	3,6	–	0	124	520
Stockfisch (Kabeljau), getrocknet	2,5	90	0	339	1420
Thunfisch in Öl	20,9	32	0	303	1267
in Wasser	1,7	32	0	95	403

0 = nicht enthalten – = es liegen keine Daten vor

Lebensmittel 100 g	Fett g	Cholesterin mg	Ballaststoffe g	Energie kcal	kJ
Geflügel, Fleisch, Fleisch- und Wurstwaren					
Geflügel					
Ente, Brust mit Haut	28,5	103	0	324	1356
Gans, Brust mit Haut	31,1	71	0	346	1448
Hähnchen, Brathähnchen	9,6	75	0	168	706
Brust, ohne Haut	1,0	45	0	109	457
Keule, ohne Haut	6,5	84	0	113	472
Huhn, Suppenhuhn	18,8	75	0	261	1092
Puter (Truthahn)	6,9	90	0	145	606
Brust ohne Haut	1,0	45	0	105	441
Keule mit Haut	12,5	80	0	236	988
Schnitzel	1,0	45	0	106	445
Hammel- und Lammfleisch					
Brust	37,0	73	0	381	1594
Filet	3,4	70	0	112	469
Keule (Schlegel)	18,7	75	0	240	1003
Kotelett	35,4	77	0	377	1576
Lende	13,2	65	0	194	810
Muskelfleisch ohne Fett	3,4	70	0	112	469
Schnitzel	6,1	70	0	131	549
Kalbfleisch					
Brust	6,3	70	0	131	549
Filet	1,4	60	0	95	397
Haxe	8,0	65	0	193	807
Keule (Schlegel)	1,6	65	0	97	407
Kotelett	4,3	71	0	135	566
Muskelfleisch ohne Fett	0,8	70	0	101	422
Schnitzel	1,8	60	0	99	414

0 = nicht enthalten

Lebensmittel 100 g	Fett g	Cholesterin mg	Ballaststoffe g	Energie kcal	Energie kJ
Rindfleisch					
Filet	4,0	50	0	121	506
Hackfleisch	9,0	65	0	166	694
Hochrippe (Rostbraten)	11,3	50	0	155	647
Kamm (Hals)	8,8	65	0	156	651
Keule (Schlegel)	3,2	50	0	129	541
Lende (Roastbeef)	6,3	50	0	130	543
Muskelfleisch ohne Fett	1,7	50	0	105	439
Nuß (Oberschale)	3,0	50	0	111	463
Ochsenschwanz	11,5	75	0	184	769
Rindfleisch in Dosen i. D.	13,6	70	0	196	822
Rinder-Schweine-Hackfleisch, halb und halb	10,0	65	0	173	723
Roulade (Unterschale)	3,9	55	0	114	479
Schulter (Bug)	8,8	60	0	153	639
Tafelspitz	13,2	60	0	183	765
Tatar (Schabefleisch)	2,6	50	0	112	468
Schweinefleisch					
Backe	55,5	65	0	539	2256
Bauch	29,0	55	0	324	1361
Bug (Schulter)	16,8	65	0	221	928
Eisbein (Vorderbein)	10,8	65	0	179	752
Filet, Lende	2,0	55	0	106	443
Flomen (Bauchfett)	89,0	70	0	857	3582
Hackfleisch	11,0	65	0	180	753
Haxe (Hinterbein)	12,2	64	0	186	780
Hüfte	3,5	50	0	108	453
Kamm	13,8	65	0	197	830
Kasseler	12,2	60	0	237	990
Kotelett, mittelfett	7,0	50	0	174	727
Mett	27,5	70	0	318	1328

0 = nicht enthalten

Lebensmittel 100 g	Fett g	Cholesterin mg	Ballaststoffe g	Energie kcal	Energie kJ
Muskelfleisch ohne Fett	3,0	70	0	111	466
Nuß	1,6	50	0	99	415
Rückenspeck, frisch	82,5	60	0	802	3352
Schnitzel, mager	1,9	50	0	106	443
Schweine-Rinder-Hackfleisch, halb und halb	11,0	65	0	180	753
Wild					
Hase	3,0	65	0	116	487
Hirsch	5,0	58	0	143	600
Reh, Keule (Schlegel)	1,3	60	0	106	443
Rücken	3,6	65	0	132	552
Wachtel	2,3	44	0	120	504
Wildente	9,4	80	0	145	609
Wildschwein, Rücken	2,4	65	0	118	493
Sonstige Fleischarten					
Kaninchen	4,0	70	0	127	531
Pferd	2,7	60	0	107	446
Ziege, Kotelett	0,6	75	0	97	406
Innereien					
Bries (Kalbsbries)	3,4	290	0	108	452
Herz					
Geflügel	5,3	170	0	124	519
Hammel und Lamm	10,0	140	0	158	661
Kalb	5,1	130	0	118	494
Rind	6,0	150	0	131	548
Schwein	2,1	115	0	87	363

0 = nicht enthalten

Lebensmittel 100 g	Fett g	Cholesterin mg	Ballaststoffe g	Energie kcal	Energie kJ
Hirn					
Hammel und Lamm	9,1	2200	0	128	535
Kalb	7,6	2000	0	111	464
Rind	9,6	2000	0	130	542
Schwein	9,0	2000	0	132	553
Leber					
Geflügel	4,7	550	0	136	567
Hammel und Lamm	4,0	300	0	133	556
Kalb	4,1	360	0	124	518
Rind	2,1	265	0	121	506
Schwein	4,5	340	0	133	560
Lunge					
Kalb	2,2	370	0	90	376
Rind	2,9	350	0	99	412
Schwein	6,7	320	0	114	478
Niere					
Kalb	6,4	380	0	134	518
Rind	5,1	375	0	122	510
Schwein	3,2	340	0	96	402
Zunge					
Kalb	6,2	100	0	130	543
Rind	15,9	108	0	221	927
Schwein	15,7	140	0	227	950
Fleisch- und Wurstwaren					
Bierschinken	12,0	65	0	180	752
*leicht + lecker Bierschinken	9,0	–	0	150	635
*ZIMBO-Bierschinken	10,0	–	0	158	659
Bierwurst	20,8	70	0	250	1050
Blutwurst	28,7	60	0	311	1304
Bockwurst	24,3	64	0	275	1154
Bratwurst (vom Schwein)	26,8	65	0	297	1242

* = weniger Kalorien/weniger Fett 0 = nicht enthalten – = es liegen keine Daten vor

Lebensmittel 100 g	Fett g	Cholesterin mg	Ballaststoffe g	Energie kcal	Energie kJ
Bündner Fleisch	6,3	–	0	215	903
Cabanossi	37,4	93	0	448	1876
Cervelatwurst	34,0	80	0	402	1681
*Du darfst-Cervelatwurst	24,0	60	0	300	1260
*leicht + lecker-Cervelatwurst	24,0	–	0	302	1275
*Lieber leicht-Cervelatwurst	24,0	–	0	275	1163
*Provital-Cervelatwurst	27,0	–	0	323	1339
Corned beef	6,0	70	0	155	647
*leicht + lecker Corned beef	3,0	–	0	111	471
*Provital-Corned beef	4,0	–	0	132	556
Eisbeinfleisch in Aspik	2,0	–	0	86	365
Fleischwurst	25,9	66	0	285	1193
*Du darfst-Fleischwurst	15,0	49	0	195	810
*Provital-Fleischwurst	14,0	–	0	190	790
Frankfurter Würstchen	26,0	65	0	285	1193
*Frankfurter Würstchen »light«	15,0	–	0	193	811
Frühstücksfleisch (Luncheon meat)	25,4	85	0	294	1229
Gelbwurst	26,9	68	0	290	1215
Jagdwurst	20,6	70	0	252	1056
*leicht + lecker-Jagdwurst	15,0	–	0	192	810
*Provital-Kaiserjagdwurst	13,0	–	0	181	753
Kabanos	28,8	–	0	330	1394
*Houdek Kabanos leicht	17,0	–	0	233	987
Kaiserfleisch	2,0	70	0	90	378
Kalbfleischsülze	3,5	25	0	92	394
Kalbfleischwurst	26,6	72	0	291	1216
Kalbsbratwurst	25,0	100	0	266	1114
Kasseler-Braten, Aufschnitt	12,2	80	0	214	895
*leicht + lecker-Kasseler-Braten	5,0	–	0	133	559
*ZIMBO-Kasseler-Braten	3,0	–	0	107	454
Katenrauchwurst	45,0	85	0	460	1925
*Lieber leicht-Katenrauchwurst	21,0	–	0	275	1163

* = weniger Kalorien/weniger Fett   0 = nicht enthalten   – = es liegen keine Daten vor

Lebensmittel 100 g	Fett g	Cholesterin mg	Ballaststoffe g	Energie kcal	Energie kJ
Knackwurst	26,2	72	0	309	1193
Knoblauchwurst	23,1	70	0	274	1146
Lachsschinken	5,5	70	0	139	584
Lachsschinken, ohne Fettrand	1,5	70	0	85	359
*ZIMBO-Delikatess-Lachsschinkenfleisch	3,0	70	0	127	536
Landjäger	42,0	111	0	472	1974
Leberkäse	25,5	65	0	315	1320
*Houdek Leberkäse leicht	17,5	–	0	210	890
Leberpastete	28,1	137	0	314	1313
Leberwurst, grob	27,0	205	0	310	1296
*becel-Diät-Landleberwurst	24,0	80	0	280	1165
*Du darfst-Landleberwurst	24,0	130	0	285	1195
*Provital-Landleberwurst	26,0	–	0	298	1234
*Provital-Schinken-Leberwurst mit Kräutern	15,0	–	0	215	895
Kalbsleberwurst	36,0	169	0	390	1630
*becel-Diät-Kalbsleberwurst	21,0	95	0	255	1050
*Du darfst-Kalbsleberwurst	21,0	150	0	260	1090
*Lieber leicht-Kalbsleberwurst	19,0	–	0	245	1037
*Provital-Kalbsleberwurst	26,0	–	0	298	1234
Lyoner	30,2	53	0	334	1399
*Provital-Kalbslyoner	13,0	–	0	181	753
Mettwurst, streichfähig	34,5	80	0	377	1577
Mortadella	32,8	90	0	366	1530
*ZIMBO-Mortadella	18,0	–	0	214	887
Münchner Weißwurst	25,1	70	0	278	1161
Ochsenbrust, gegart	5,0	–	0	133	558
Ochsenzunge	2,0	–	0	100	420
Rauchfleisch	9,5	100	0	256	1070
*Reinert-Rauchfleisch	2,0	–	0	106	445

* = weniger Kalorien/weniger Fett/günstige Fettzusammensetzung
0 = nicht enthalten – = es liegen keine Daten vor

Lebensmittel 100 g	Fett g	Cholesterin mg	Ballaststoffe g	Energie kcal	Energie kJ
Röstzwiebelwurst	35,0	–	0	378	1588
Rotwurst	30,3	96	0	381	1595
*Lieber leicht-Rotwurst	12,0	–	0	180	762
Salami, deutsche	34,0	80	0	398	1667
*Du darfst-Salami	24,0	60	0	310	1302
*leicht + lecker-Salami	24,0	–	0	302	1275
*Lieber leicht-Salami	21,0	–	0	275	1163
*Provital-Salami	28,0	–	0	332	1376
*ZIMBO-Salami	22,0	–	0	286	1188
Edelsalami	40,0	85	0	468	1960
Schinken					
*Provital-Kernschinken	7,0	–	0	159	667
Hinterschinken, gekocht	4,7	85	0	126	529
Katenschinken	16,0	110	0	290	1212
Ardenner Kernschinken	6,0	110	0	140	588
Rindersaftschinken	1,8	–	0	120	504
Roher Schinken	16,0	110	0	290	1212
Schinken in Aspik	3,0	25	0	95	403
Vorderschinken, gekocht	3,0	81	0	115	481
Schinkenwurst	23,6	77	0	267	1118
*Du darfst-Schinkenwurst	15,0	55	0	200	840
*Lieber leicht-Schinkenwurst	21,0	–	0	275	1163
Schweinsbratwurst	26,8	65	0	297	1242
Speck, durchwachsen	36,0	80	0	402	1683
Speck, geräuchert	65,0	90	0	645	2700
Schwartenmagen	26,9	70	0	305	1274
Teewurst	38,0	86	0	418	1747
*becel-Diät-Teewurst	25,0	38	0	295	1240
*Du darfst-Teewurst	27,0	64	0	310	1300
*Lieber leicht-Teewurst	19,0	–	0	253	1052
*Provital-Teewurst	28,0	–	0	316	1308

* = weniger Kalorien/weniger Fett/günstige Fettzusammensetzung
0 = nicht enthalten – = es liegen keine Daten vor

Lebensmittel 100 g	Fett g	Cholesterin mg	Ballaststoffe g	Energie kcal	Energie kJ
Wiener Würstchen	26,8	62	0	295	1235
*becel-Diät-Wiener-Würstchen	24,0	34	0	275	1151
*Du darfst-Würstchen	15,0	40	0	195	820
Wildgalantine	16,7	–	0	247	1037
Zunge in Aspik	9,0	–	0	175	665
Geflügel-Fleisch und Wurstwaren					
Gänseleberpastete	14,5	164	0	210	878
Geflügel-Bratwurst[x]	20,0	55	0	230	966
Geflügel-Fleischwurst[x]	20,0	35	0	234	990
Geflügel-Gutswurst[x]	9,0	20	0	148	628
Geflügel-Jagdwurst[x]	11,0	35	0	180	756
Geflügel-Leberwurst[x]	25,0	55	0	310	1302
Geflügel-Lyoner[x]	20,0	35	0	234	990
Geflügelwürstchen[x]	25,0	45	0	310	1302
Hähnchenprodukte					
Hähnchenbrust	1,0	60	0	115	483
Hähnchenbrust in Aspik[x]	2,0	30	0	84	358
Hähnchenbrustfilet in					
Aspik »Hawaii«[2]	2,0	–	+	94	397
Curry-Aspik[2]	2,0	–	+	94	397
Wein-Aspik mit Paprika[2]	2,0	–	+	90	380
Gelee mit Mandarinen[3]	0,5	–	+	103	433
Hähnchenbrustroulade[2]	7,0	–	0	142	596
Hähnchenbrustroulade mit Mozzarella[4]	13,0	–	0	193	804
Hähnchengrillbrust[2]	2,0	–	0	113	479
Hähnchen-Lyoner[2]	18,0	–	0	221	918
Hähnchenpastete m. Speckmantel[2]	16,0	–	0	212	881

+ = in Spuren enthalten 0 = nicht enthalten – = es liegen keine Daten vor
[x] = Gutfried-Geflügel-/Truthahnprodukt [1] = Höhenrainer-Truthahnprodukt
[2] = ZIMBO [3] = Aktivit [4] = Provital * weniger Kalorien/weniger Fett

Lebensmittel 100 g	Fett g	Chole-sterin mg	Ballast-stoffe g	Energie kcal	kJ
Puten-/Truthahnprodukte					
Puten-Bierschinken[x]	9,0	20	0	148	628
Putenbraten[x]	5,0	30	0	135	567
Puten-Bratwurst[1]	15,0	–	0	195	810
Putenbrust, gegrillt[3]	2,0	–	0	106	445
Putenbrust, geräuchert[x]	2,0	25	0	115	483
Putenbrust im Bratnetz[x]	9,0	25	0	160	672
Putenbrust, Paprika[x]	2,0	25	0	113	478
Putenbrustroulade, Paprika[4]	8,0	–	0	140	585
Putenbrustschinken[x]	3,0	25	0	120	504
Puten-Cervelat[1]	15,0	–	0	215	895
Puten-Cocktailsülze[x]	3,5	20	0	91	382
Puten-Corned Turkey[x]	7,0	30	0	148	626
Puten-Debreziner[1]	15,0	–	0	203	844
Putenfleisch in Champignon-Aspik[x]	2,0	20	+	94	398
Putenfleisch in Wein-Aspik[2]	2,0	–	0	78	331
Puten-Fleischkäse[x]	15,0	35	0	210	882
Puten-Fleischwurst[x]	20	35	0	235	987
Puten-Gelbwurst[1]	10,0	–	0	146	610
Puten-Jagdwurst[x]	9,0	35	0	160	672
Puten-Jagdwurst mit grünem Pfeffer[2]	17,0	–	0	209	867
Puten-Käsekrainer[2]	15,0	–	0	207	861
Puten-Knacker[1]	15,0	–	0	199	827
Puten-Kochschinken[2]	3,0	–	0	119	502
Puten-Krakauer[x]	9,0	35	0	149	627
Puten-Krakauer mit Pfeffer[2]	10,0	–	0	158	659
Puten-Lachsschinken[x]	3,0	30	0	130	546
Puten-Leberkäs, gebacken[x]	20,0	40	0	250	1050

+ = in Spuren enthalten 0 = nicht enthalten – = es liegen keine Daten vor
[x] = Gutfried-Geflügel-/Truthahnprodukt [1] = Höhenrainer-Truthahnprodukt
[2] = ZIMBO [3] = Aktivit [4] = Provital

Lebensmittel 100 g	Fett g	Cholesterin mg	Ballaststoffe g	Energie kcal	Energie kJ
Puten-Leberwurst[1]	30,0	–	0	336	1386
Puten-Medaillons in Sherry-Aspik[4]	3,0	–	0	87	366
Puten-Mortadella[x]	20,0	35	0	235	987
Puten-Motadella mit Pistazien[4]	18,0	–	0	222	921
Puten-Pastete					
Florentin[1]	5,0	–	0	113	474
Gärtnerin[1]	5,0	–	+	121	508
im Spinatmantel[x]	7,0	20	+	140	588
mit Kräutern[2]	3,0	–	+	111	468
Mosaik[x]	11,0	25	0	150	630
mit Paprika[1]	3,0	–	+	111	468
Puten-Pastrami[x]	5,0	30	0	130	546
Puten-Regensburger[1]	15,0	–	0	207	861
Puten-Rostbratwurst[1]	15,0	–	0	207	861
Putenroulade[x]	9,0	25	0	143	606
Puten-Salami[x]	25,0	45	0	360	1528
Puten-Schinkenwurst[x]	20,0	35	0	235	987
Puten-Wacholderschinken[1]	10,0	–	0	174	727
Putenweißwurst[1]	15,0	–	0	187	776
Puten-Wiener[1]	15,0	–	0	199	827
Puten-/Truthahngerichte[x] (fertig gegart)					
Putenbrust-Schnitzel	7,0	35	0	160	672
Puten-Cevapcici	18,0	45	0	300	1260
Puten-Formschnitte	7,0	35	0	210	882
Puten-Frikadellen	18,0	45	0	270	1134
Puten-Hackfleischbällchen	18,0	45	0	270	1134
Puten-Knuspermedaillons	7,0	35	0	190	798
Puten-Nuggets	9,0	35	0	190	798
Puten-Pizzataler	16,0	45	0	235	987

+ = in Spuren enthalten 0 = nicht enthalten – = es liegen keine Daten vor
x = Gutfried-Geflügel-/Truthahnprodukt 1 = Höhenrainer-Truthahnprodukt
2 = ZIMBO 4 = Provital

Lebensmittel 100 g	Fett g	Cholesterin mg	Ballaststoffe g	Energie kcal	Energie kJ
Getreide, Getreideprodukte					
Getreide, Mehle und andere Mahlprodukte					
Buchweizen, Korn, geschält	1,7	0	3,7	340	1423
Vollkornflocken	2,0	0	5,6	346	1448
Grütze	1,6	0	2,5	345	1444
Vollmehl	1,7	0	3,7	340	1423
Helles Mehl	0,8	0	2,0	350	1465
Dinkel (Grünkern), Korn	2,7	0	9,9	320	1340
Mehl, Typ 1700	2,0	0	6,0	360	1507
Schrot	2,7	–	7,0	353	1480
Gerste, Korn	2,1	0	8,7	292	1292
Vollkornflocken	2,1	0	8,5	351	1469
Graupen	1,4	0	4,6	302	1266
Grütze	1,5	0	9,0	338	1415
Mehl, Vollkorn	1,9	0	9,8	350	1465
Grünkern (Dinkel), Korn	2,7	0	9,9	320	1340
Mehl, Typ 1700	2,0	0	6,0	360	1507
Schrot	2,7	–	7,0	353	1480
Hafer, Korn	7,1	0	9,3	359	1502
Vollkornflocken	7,0	0	9,5	363	1519
Haferflocken (Instant)	7,7	0	6,7	384	1607
Grütze	5,8	0	3,6	361	1513
Mehl	7,1	0	7,0	389	1630
Kleie mit Keim	9,3	0	18,6	383	1603
Hirse, Korn	3,9	0	3,9	354	1478
Vollkornflocken	3,0	0	3,0	343	1440
Mais, Korn	3,8	0	7,7	333	1392
Popcorn	5,0	0	10,0	368	1541
Grieß, gelb	1,1	0	5,0	339	1419
Stärke	0,1	0	+	346	1448
Vollmehl, gelb	4,0	0	9,2	333	1392

+ = in Spuren enthalten 0 = nicht enthalten

Lebensmittel 100 g	Fett g	Cholesterin mg	Ballaststoffe g	Energie kcal	Energie kJ
Quinoa	6,9	0	6,8	359	1525
Reis, Korn, Naturreis	2,2	0	4,0	348	1457
poliert, roh	0,6	0	2,1	347	1452
Flocken	2,0	0	3,0	374	1589
Mehl	0,7	0	3,0	351	1469
Stärke	0	0	+	343	1436
Wildreis	2,0	0	3,0	340	1421
Roggen, Korn	1,7	0	13,4	264	1104
Vollkornflocken	1,7	0	13,3	307	1286
Mehl, Typ 815	1,0	0	6,5	300	1254
Mehl, Typ 997	1,1	0	6,9	299	1251
Mehl, Typ 1150	1,3	0	7,7	295	1234
Vollkornmehl, Backschrot, Typ 1800	1,5	0	12,0	273	1143
Weizen, Korn	2,0	0	10,4	304	1274
Vollkornflocken	2,2	0	9,7	312	1310
Grieß	1,0	0	7,1	324	1355
Mehl, Typ 405	1,0	0	3,2	339	1419
Mehl, Typ 550	1,1	0	3,5	339	1419
Mehl, Typ 1050	1,8	0	5,2	330	1382
Vollkornmehl, Backschrot, Typ 1700	2,0	0	9,2	306	1282
Weizenkeime	10,0	0	15,0	327	1367
Weizenkleie	5,0	0	49,3	149	623
Weizenstärke	0,1	0	+	333	1392
Frühstücksflocken, Müslis					
All-Bran	3,2	0	28,0	273	1155
Ballaststoffmüsli	3,8	0	17,2	302	1266
Beeren-Vollkorn-Müesli	3,7	0	9,1	329	1399
Birchermüsli mit Rohrzucker	6,0	0	7,0	333	1392
Birchermüsli ohne Zucker	7,0	0	7,4	339	1419

+ = in Spuren enthalten   0 = nicht enthalten

Lebensmittel 100 g	Fett g	Cholesterin mg	Ballaststoffe g	Energie kcal	Energie kJ
Bran-Buds	3,6	0	26,0	280	1187
Bran Flakes (Haferkleieflocken)	1,8	0	16,0	320	1344
Corn-flakes	0,8	0	3,2	369	1568
Craclin' Oat Bran	15,0	0	17,0	381	1601
Fruit'n fibre	6,1	0	8,5	360	1521
Früchtemüsli	4,3	0	12,7	350	1465
Haferfleks mit Kleie	8,0	0	16,0	350	1486
Haferkleie Flocken	8,5	0	20,0	309	1312
Haferkleie Müsli	6,2	0	11,2	340	1443
Kleiemüsli	3,2	0	19,0	363	1519
Knusperkorn-Müesli	15,2	0	7,4	422	1791
Krokantmüsli	16,5	0	3,8	448	1900
Multi-Korn-Müesli	5,4	0	10,3	341	1450
Schokomüsli	7,3	0	16,4	397	1662
Trauben-Nuß-Müsli	6,0	0	13,0	327	1792
Vollkornmüsli	4,3	0	6,8	362	1515
10-Früchte-Vollkorn-Müesli	3,3	0	8,2	337	1429
Teigwaren					
Eierteigwaren (Nudeln)	2,8	94	3,4	347	1452
mit erhöhtem Eigehalt	3,7	146	3,2	370	1547
Spaghetti, eifrei	1,8	0	3,4	342	1430
Vollkornteigwaren, eihaltig	3,6	68	8,8	343	1436
Vollkornteigwaren, eifrei	2,4	0	9,1	335	1400
Brot					
Baguette	0,7	0	3,0	270	1129
Bauernbrot, dunkel	2,0	0	11,1	193	807
Croissant	25,8	80	1,2	410	1714
Finnenbrot	7,4	0	8,7	247	1049
Fladenbrot, Vollkorn	4,0	0	6,0	370	1550

+ = in Spuren enthalten   0 = nicht enthalten

Lebensmittel 100 g	Fett g	Cholesterin mg	Ballaststoffe g	Energie kcal	Energie kJ
Grahambrot	1,5	0	5,0	208	870
Haferkornbrot	2,0	0	9,8	215	900
Knäckebrot	1,5	0	14,0	318	1327
Haferkorn-Knäckebrot	6,5	0	11,8	350	1500
Knäckebrot plus Ballaststoffe	8,0	0	24,0	300	1280
Müsli-Knäckebrot	7,0	0	11,0	360	1520
Sesam-Knäckebrot	11,0	0	7,6	397	1686
Vollkorn-Knäckebrot	2,0	0	15,5	310	1320
Knisterbrot	6,0	0	9,0	366	1554
Laugenbrötchen	1,8	0	1,9	253	1058
Leinsamenbrot	2,0	0	12,3	196	820
Paniermehl (Semmelbrösel)	2,0	0	4,0	361	1510
Vollkorn-Paniermehl	3,0	0	8,4	351	1490
Fix zum Panieren	7,0	78	4,0	360	1520
Pita-Brot	1,2	0	2,2	265	1108
Pumpernickel	1,0	0	9,8	201	840
Reis-Snacks					
Vollkorn-Reis	3,0	0	4,0	379	1607
Vollkorn-Reis + Mais	3,0	0	6,0	372	1577
4-Korn + Vollkorn-Reis	2,0	0	7,0	340	1442
Roggenbrot	1,4	0	6,8	222	930
Roggenmischbrot	1,4	0	6,0	225	940
Roggenschrot- und Vollkornbrot	1,4	0	8,9	206	864
Schüttelbrot	1,7	0	7,8	323	1374
Semmeln (Weizenbrötchen)	1,9	0	3,4	258	1076
Simonsbrot	1,3	0	6,0	204	854
Sojabrot	3,0	0	7,7	211	882
Steinmetzbrot	1,3	0	6,0	203	850
Toastbrot, Weizen	4,5	0	3,8	262	1097
Toastbrot, Vollkorn-	2,8	0	7,1	238	995
Vierkornbrot	2,0	0	8,6	214	897
Weißbrot	1,8	0	3,0	238	995

0 = nicht enthalten

Lebensmittel 100 g	Fett g	Cholesterin mg	Ballaststoffe g	Energie kcal	Energie kJ
Weizenbrötchen (Semmeln)	1,5	0	3,4	258	1076
Weizenmischbrot	1,5	0	4,8	232	968
Weizenschrot- und Vollkornbrot	1,5	0	6,9	208	870
Zwieback	4,3	60	5,2	374	1563
Zwieback, eifrei	4,3	0	5,2	403	1612
Zwieback, Vollkorn-	8,0	0	11,0	364	1523
Kekse, Dauergebäck					
Aachener Printen	21,3	14	–	465	1948
ABC/Russisch Brot	1,0	0	0	388	1624
Apfel-Vollkornkeks	19	0	10,0	435	1844
Baiser	0	0	0	415	1737
Biskuittortenboden	2,3	108	1,1	284	1189
Blätterteiggebäck	30,0	71	+	422	1766
Butterkeks	21,2	62	3,0	480	2008
Butterkeks, Vollkorn-	13,0	80	7,0	413	1752
Eiswaffeln	5,0	–	–	405	1695
Fruchtkleiekeks	19,0	0	19,0	399	1671
Haselnußgebäck, Vollkorn-	28,0	0	8,0	484	2050
Hirsekeks	21,0	0	8,0	453	1920
Honigplätzchen	3,6	65	1,7	340	1420
Japonais	34,0	–	–	555	2323
Kekse, gemischt i. D.	15,8	46	2,3	421	1764
Kipferl, Vanille-	32,0	192	1,5	545	2281
Kleieplätzchen	25,0	0	10,1	469	1963
Kleiesnacks, süß	21,0	0	15,0	417	1746
Lebkuchen, Elisen-					
schokoliert	21,5	85	1,8	443	1852
zuckerglasiert	16,9	85	1,8	417	1742
Lebkuchen, Oblaten-					
schokoliert	15,7	36	2,6	380	1589
zuckerglasiert	9,4	36	2,6	338	1412

+ = in Spuren enthalten 0 = nicht enthalten – = es liegen keine Daten vor

Lebensmittel 100 g	Fett g	Cholesterin mg	Ballaststoffe g	Energie kcal	Energie kJ
Löffelbiskuit	5,0	248	0,7	407	1704
Mandelmakronen	24,0	1,0	2,6	395	1650
Müslikeks	19,0	0	8,0	443	1854
Nußgebäck	28,0	76	4,0	512	2142
Pfeffernüsse	3,0	53	1,7	354	1484
Schwarz-Weiß-Gebäck	30,0	150	–	500	2050
Spekulatius	18,7	97	1,5	441	1846
Springerle	10,0	100	–	350	1500
Spritzgebäck	20,0	70	1,5	400	1800
Vollkorngebäck, Mehrkorn	25,0	0	7,0	473	2004
Vollkornkeks i. D.	20,0	0	10,0	440	1842
Vollkornkeks mit Weizenkeimen und Schokolade	25,0	0	4,0	490	2051
Waffelmischung mit Cremefüllung	20,0	131	+	472	1975
Zimtsterne	20,0	0	3,0	433	1820
Salzige Knabbereien					
Chips	34,0	0	1,4	545	2281
Chipsletten/Chippos	28,0	0	1,4	527	2204
Erdnußflocken, -flips	25,0	0	–	501	2098
Käseröllchen	33,0	86	0,7	545	2281
Käsesnacks	38,0	116	0,7	570	2385
Kleiesnacks, pikant	25,0	0	15,0	433	1813
Kräcker	14,0	0	3,0	450	1884
Dreikorn-Kräcker	14,2	0	12,8	403	1708
Pizza-Kräck	31,0	–	–	525	2198
Popcorn, ungesüßt	4,0	0	11,7	339	1441
Roggenkeks mit Gartenkräutern	22,0	0	14,0	434	1817
Salzstangen, -brezeln	0,5	0	1,2	350	1463
Salzstangen, Vollkorn-	6,7	0	12,0	342	1443
Salzbrezeln, Vollkorn-	9,4	0	11,5	364	1536
Schink-Kräck	27,0	–	–	505	2114

+ = in Spuren enthalten 0 = nicht enthalten – = es liegen keine Daten vor

Lebensmittel 100 g	Fett g	Cholesterin mg	Ballaststoffe g	Energie kcal	Energie kJ
Schrot-Krusten	3,0	0	20,0	295	1235
Snacks-Pizza	15,0	–	–	440	1842
Taccos	19,1	0	–	466	1955
Vollkorn-Knabberstangen	6,7	0	12,0	342	1450
Zwiebelsnacks	27,0	–	–	511	2138
Backteige, Backwaren					
tiefgefroren, backfertig					
Blätterteig mit Butter	33,1	95	0,9	450	1883
Blätterteig mit Margarine	28,0	0	0,9	404	1710
Vollkorn-Blätterteig	30,0	0	–	450	1905
Hefeteig	6,0	49	1,4	284	1188
Mürbeteig	21,0	112	0,9	453	1897
Pizzateig	6,4	49	1,4	258	1078
Kuchen und Torten					
Amerikaner	8,0	60	0,7	220	915
Apfelkuchen aus Rührteig	9,2	89	1,2	217	908
Apfelstrudel	9,0	18	2,1	210	881
Apfeltorte, gedeckt aus Mürbeteig	7,5	23	1,9	207	865
Baumkuchen	24,0	200	0,8	430	1795
Berliner / Krapfen	11,8	125	1,3	334	1399
Bienenstich	18,7	69	0,8	239	1417
Biskuitrolle	2,3	108	1,1	284	1189
mit Fruchtsahne	11,7	117	0,8	233	980
mit Zitronencreme	8,3	142	–	217	910
Donauwellen	17,0	95	1,0	310	1290
Englischer Früchte-Kuchen	10,0	90	4,1	350	1470
Frankfurter Kranz	22,7	115	0,7	360	1505
Früchtekuchen (Englischer Kuchen)	10,0	90	4,1	350	1470

0 = nicht enthalten – = es liegen keine Daten vor

Lebensmittel 100 g	Fett g	Cholesterin mg	Ballaststoffe g	Energie kcal	Energie kJ
Hefegebäck, einfach	6,6	26	–	250	1042
Hefestückchen mit Zuckerguß	6,9	48	1,6	294	1232
Hefezopf mit Rosinen	8,6	107	2,0	314	1316
Himbeer-Sahnetorte	20,0	116	0,6	294	1231
Käsekuchen	16,5	100	0,4	293	1225
Käse-Sahnetorte	14,2	156	0,1	235	984
Knack & Back Müsli-Schnecken	16,6	40	–	520	2175
Krapfen / Berliner	11,8	125	1,3	334	1399
Linzertorte	20,7	125	2,3	424	1772
Marmorkuchen	21,1	166	0,9	406	1700
Nußecke	26,0	70	1,3	500	2100
Nuß-Sahnetorte	24,0	122	2,0	420	1745
Obstkuchen aus Hefeteig	3,5	26	1,6	187	781
Obsttorte mit Beeren					
aus Biskuitteig	2,3	120	1,7	222	930
aus Mürbeteig	11,3	50	1,7	252	1053
Plundergebäck	22,2	55	1,6	405	1703
Quarkstrudel	13,0	65	0,8	260	1090
Quiche Lorraine	14,4	100	–	192	805
Rhabarberkuchen mit Baiser	10,0	40	1,8	200	840
Sachertorte	11,6	180	1,4	345	1440
Sandkuchen	19,5	118	0,4	407	1703
Schokoladenkuchen	15,1	62	1,7	355	1486
Schokoladen-Sahnetorte	21,4	104	0,7	307	1285
Schuhsohle aus Blätterteig	30,0	45	0,9	390	1635
Schwarzwälder Kirschtorte	17,8	89	0,6	410	1720
Schweinsöhrchen	25,0	12	1,2	425	1785
Streuselkuchen aus Hefeteig	14,2	41	1,2	393	1650
Zitronen-Sahnetorte	17,0	146	0,4	294	1641
Zwetschgenkuchen aus Hefeteig	4,0	25	1,6	180	745
Zwiebelkuchen aus Hefeteig	12,0	40	4,9	220	924

– = es liegen keine Daten vor

Lebensmittel 100 g	Fett g	Cholesterin mg	Ballaststoffe g	Energie kcal	Energie kJ
Weihnachtsstollen					
Dresdnerstollen	20,4	54	2,6	412	1727
Marzipanstollen	17,0	45	3,2	400	1665
Mohnstollen	15,0	45	2,2	330	1390
Windbeutel	10,5	210	0,4	195	815

Hülsenfrüchte, Soja, Sojaprodukte

Lebensmittel 100 g	Fett g	Cholesterin mg	Ballaststoffe g	Energie kcal	Energie kJ
Hülsenfrüchte					
Bohnen, weiß	1,6	0	17,0	300	1254
in der Dose	1,1	0	11,2	198	827
Dicke Bohnen	2,0	0	20,0	363	1518
in der Dose	1,0	0	7,8	195	816
Erbsen, gelb	1,4	0	16,0	342	1430
Kichererbsen	3,4	0	10,7	314	1314
Kidneybohnen	1,4	0	15,7	266	1112
in der Dose	0,6	0	6,2	100	418
Limabohnen	1,4	0	16,0	286	1196
Linsen	1,4	0	10,6	325	1359
in der Dose	0,4	0	3,5	100	418
Romanobohnen	1,6	0	24,9	356	1495
Rote Linsen	1,4	0	11,7	304	1273
Saubohnen	2,0	0	22,0	309	1294
Wachtelbohnen	1,3	0	15,5	331	1385
Soja, Sojaprodukte (Reformhaus)					
Mungobohnen	1,2	0	17,9	280	1170
Sojabohnen	18,6	0	15,7	370	1547
SojaCremig, neutral	2,1	0	0	53	224
Sojadessert, Karamel	1,8	0	0	87	368
Schoko	1,7	0	+	84	355
Vanille	1,8	0	0	86	364

+ = in Spuren enthalten   0 = nicht enthalten

Lebensmittel 100 g	Fett g	Cholesterin mg	Ballaststoffe g	Energie kcal	Energie kJ
Soja-Drink, naturell	2,1	0	0	37	154
Kakao	2,1	0	+	73	305
Kalzium	2,1	0	0	47	195
Soja-frosti (Sojaeis)					
Cassis-Creme	7,9	0	+	141	590
Maracuja-Orange	9,6	0	+	151	633
Sojakäse (Tofu)	7,0	0	0	125	507
Sojakeimlinge	1,2	0	2,6	58	242
in der Dose	0,7	0	1,6	35	146
Soja-Knuspers	28,0	0	3,5	492	2060
Sojamehl, vollfett	20,6	0	10,9	370	1547
halbfett	6,7	0	14,3	335	1402
Sojamehl entfettet	1,0	0	3,0	337	1411
Sojamilch	1,5	0	0	36	151
Sojapflanzenfleisch (Fleischersatz), Trockenprodukt	0,5	0	18	251	1052
Sojaschrot	23,0	0	20,0	388	1629
Tofu (Sojakäse)	7,0	0	0	125	507
Tofu-Früchte-Dessert	1,2	0	+	83	354
Tofunaise	50,3	0	0	478	2020
Tofu-Salatcreme	12,9	0	0	171	716
Tofu-Salate					
Exotik	26,7	0	–	281	1160
Gutsherren	28,1	–	–	275	1135
Hawaii	23,2	–	–	244	1009
Indisch	32,1	0	–	321	1348
Lauch-Apfel	25,6	0	–	271	1121
Mexico	7,1	–	–	114	477
Rosso	12,6	0	–	167	707
Rustikal	27,4	0	–	284	1197
Schweden	22,9	0	–	249	1052

+ = in Spuren enthalten   0 = nicht enthalten   – = es liegen keine Daten vor

Lebensmittel 100 g	Fett g	Cholesterin mg	Ballaststoffe g	Energie kcal	Energie kJ
Pflanzliche Brotaufstriche und Brotbeläge (Reformhaus)					
Sojaaufstrich					
Rustikal	17,0	0	–	204	854
Zwiebel	15,3	0	–	187	792
Sandwich-Pastete					
Champignon	18,1	0	–	250	1057
Cremig-mild	17,7	0	2,8	224	948
Grünkern-mild	17,7	0	–	219	926
Hausmacher Art	17,9	0	–	240	1013
Kräuter	18,3	0	–	258	1093
»Linsi«	15,1	0	–	218	921
Oliven	18,8	0	–	246	1043
Soja-pikant	35,4	0	1,2	358	1514
Tomavita	20,1	0	3,5	258	1092
Tartex-vegetabile-Pastete					
Champignon	18,0	0	–	215	895
Delikateß	18,0	0	–	220	920
Exquisit	21,5	0	–	262	1088
Kräuter	18,0	0	–	220	910
Olivera	22,0	0	–	246	1018
Paprika	18,0	0	–	230	955
Pikant mit Knoblauch	17,0	0	–	230	945
Primabella	21,5	0	–	264	1096
Tomabella	18,0	0	–	230	955
»Ungarische Art«	17,0	0	–	210	860
Winzer	24,0	0	–	280	1160
Tartex-vegetarische Aufschnitt-Pastete					
mit Dinkel	29,0	10	–	310	1270
mit Gemüse	32,0	15	–	316	1303

0 = nicht enthalten – = es liegen keine Daten vor

Lebensmittel 100 g	Fett g	Cholesterin mg	Ballaststoffe g	Energie kcal	kJ
Tofu-Aufstrich					
Braunschweiger Art	22,5	0	–	259	1087
Kräuter	23,5	0	–	272	1142
Pfälzer Art	22,5	0	–	263	1104
Tofu-Brotaufstrich					
Gourmet	18,3	0	–	220	928
Knoblauch	17,8	0	–	209	886
pikant	15,7	0	–	191	810
Rustikal	17,2	0	–	200	844
Zwiebel	16,1	0	–	218	921
Tofu-Pastete					
Holsteiner Art	31,0	0	–	331	1390
mit Broccoli	26,2	0	–	313	1314
mit Gartengemüse	30,5	0	–	323	1356
mit Paprika	32,2	0	–	338	1419
Münchner Art	33,1	0	–	348	1461
Westfälische Art	37,0	0	–	384	1612
Bio-Tofu-Pastete					
Gemüse	23,4	0	1,6	245	1037
Grüner Pfeffer	21,6	0	0,5	229	967
Kräuter der Provence	22,1	0	0,6	240	1013
Tomate	22,9	0	1,2	254	1074
Vegetarischer Brotbelag mit Tofu, geräuchert	22,8	0	–	273	1155
Vegadella	28,1	0	3,4	305	1289
Vitadella, geräuchert	35,7	0	3,7	360	1520
Yamato Tofu					
mit Gartenkräuter	5,5	0	+	106	445
mit Curry	5,5	0	0	106	445
Räuchertofu, mild	8,0	0	0	150	630
Sate-Tofu	14,0	0	–	204	856

+ = in Spuren enthalten 0 = nicht enthalten – = es liegen keine Daten vor

Lebensmittel 100 g	Fett g	Cholesterin mg	Ballaststoffe g	Energie kcal	Energie kJ
Samen, Nüsse, Nußprodukte					
Carob (Johannisbrot)	1,4	0	74,0	60	251
Cashewnüsse	42,0	0	4,0	564	2369
Cashewnußmus	48,3	0	4,9	605	2558
Erdnüsse, frisch	48,1	0	7,1	571	2390
Erdnüsse, geröstet	49,4	0	7,4	586	2453
Erdnußbutter	50,0	0	7,6	630	2636
Erdnußcreme	50,8	0	8,1	605	2507
Erdnußflocken	28,0	0	–	520	2176
Erdnußmus	52,8	0	6,1	625	2589
Eßkastanien (Maronen)	1,9	0	1,0	196	818
Haselnüsse, frisch	61,0	0	7,4	643	2692
Haselnuß-Nugatcreme	46,7	0	4,0	551	2331
Haselnußmus	68,3	0	7,6	698	2947
Johannisbrot (Carob)	1,4	0	74,0	60	251
Kakaopulver	24,0	0	23,0	391	1642
stark entölt	12,0	0	25,0	272	1142
Kokosnuß, reif	34,0	0	8,0	342	1431
Kokosmilch	0,2	0	0	9	36
Kokosraspeln	62,0	0	24,0	606	2536
Kürbiskerne	49,0	0	5,8	610	2580
Leinsamen, ungeschält	35,0	0	4,0	435	1820
Macadamianüsse	77,6	0	5,3	748	3127
Mandeln	54,0	0	10,0	599	2507
Mandelmus	60,2	0	8,0	650	2748
Maronen (Eßkastanien)	1,9	0	1,0	196	818
Mohnsamen	41,0	0	20,5	481	2012
Paranuß	67,0	0	7,0	668	2796
Pinienkerne	60,0	0	1,0	674	2820
Pistazienkerne	51,6	0	6,5	598	2500

0 = nicht enthalten   – = es liegen keine Daten vor

Lebensmittel 100 g	Fett g	Cholesterin mg	Ballaststoffe g	Energie kcal	Energie kJ
Sesamsamen	50,0	0	11,9	570	2385
Sesammus	64,0	0	–	682	2881
Sesam-Mix mit Honig	44,0	0	–	576	2438
Sonnenblumenkerne, geschält	49,0	0	6,3	582	2436
Walnüsse	62,0	0	4,6	666	2788
Obst, Gemüse, Pilze					
Obst					
Ananas, frisch	0,2	0	1,4	57	240
in der Dose, gesüßt	0,2	0	1,0	95	399
in der Dose, ungesüßt	0,1	0	1,0	59	247
*Diät-, mit Süßstoff, im Glas	0,1	0	1,0	40	170
Andenbeeren (Physalis)	0	0	3,0	72	300
Anone (Cherimoya), frisch	0,3	0	1,0	63	264
Apfel, frisch, geschält	0,4	0	2,3	52	219
ungeschält	0,6	0	3,0	50	209
getrocknet	1,6	0	11,4	264	1103
Apfelmus, gezuckert	0,2	0	2,0	80	332
ungezuckert	0,2	0	2,0	64	268
*Diät-, mit Süßstoff, im Glas	0,2	0	2,0	48	204
Aprikosen, frisch	0,2	0	2,0	47	197
getrocknet	0,5	0	8,0	257	1073
in der Dose, gesüßt	0,1	0	2,0	71	298
*Diät-, mit Süßstoff, im Glas	0,1	0	2,0	32	136
Avocado, frisch	23,5	0	3,3	223	932
Banane, frisch	0,2	0	2,0	81	340
getrocknet	0,8	0	12,0	326	1362
Birne, frisch	0,4	0	2,8	46	193
getrocknet	1,8	0	13,5	213	890
in der Dose, gesüßt	0,2	0	2,0	76	318
*Diät-, mit Süßstoff, im Glas	0,2	0	2,0	32	136

* = weniger Kalorien/weniger Zucker   0 = nicht enthalten   – = es liegen keine Daten vor

Lebensmittel 100 g	Fett g	Cholesterin mg	Ballaststoffe g	Energie kcal	Energie kJ
Brombeeren, frisch	1,0	0	3,2	49	205
in der Dose, gesüßt	0,5	0	2,5	88	369
*Diät-, mit Süßstoff, im Glas	0,5	0	2,5	32	136
Cherimoya (Anone), frisch	0,3	0	1,0	63	264
Datteln, frisch	0,3	0	–	134	562
getrocknet	0,5	0	9,2	273	1143
Erdbeeren, frisch	0,5	0	2,0	33	138
in der Dose, gesüßt	0,2	0	1,0	77	321
in der Dose, ungesüßt	0,1	0	1,0	23	94
*Diät-, mit Süßstoff, im Glas	0,1	0	1,0	28	119
Feigen, frisch	0,4	0	3,0	60	253
kandiert	0,2	0	6,0	296	1238
getrocknet	1,3	0	9,6	243	1018
Grapefruit, frisch	0,2	0	0,6	43	182
Guave, frisch	0,5	0	8,5	35	146
in der Dose, mit Sirup	0,3	0	4,0	65	273
Hagebutten, frisch	0,4	0	6,0	92	383
Fleisch und Schale	0,7	0	4,0	89	373
Heidelbeeren, frisch	0,6	0	4,9	87	362
in der Dose, gesüßt	0,5	0	3,0	81	340
in der Dose, ungesüßt	0,3	0	4,0	39	164
*Diät-, mit Süßstoff, im Glas	0,3	0	4,0	32	136
Himbeeren, frisch	0,4	0	4,7	32	136
in der Dose, gesüßt	0,3	0	4,0	76	318
in der Dose, ungesüßt	0,1	0	4,5	26	108
Holunderbeeren, frisch	0,5	0	4,0	45	188
Ingwer	0,8	0	–	61	256
Johannisbeeren, frisch, rot	0,2	0	3,5	38	159
schwarz	0,2	0	6,8	49	205
weiß	0,2	0	3,0	40	169
Kaki, frisch	0,3	0	1,6	71	298
Kaktusfeigen, frisch	0,7	0	–	58	241

* = weniger Kalorien/weniger Zucker 0 = nicht enthalten – = es liegen keine Daten vor

Lebensmittel 100 g	Fett g	Cholesterin mg	Ballaststoffe g	Energie kcal	Energie kJ
Karambole	+	0	3,0	20	84
Kirschen, frisch, süß	0,4	0	1,9	59	247
sauer	0,4	0	1,1	50	209
im Glas, gesüßt	0,2	0	0,6	83	347
*Diät-, mit Süßstoff, im Glas	0,2	0	0,6	40	170
Cocktailkirschen im Glas	0,1	0	0,6	271	1134
Kiwi, frisch	0,6	0	3,9	50	209
in der Dose, gesüßt	0,6	0	3,0	92	385
Korinthen, getrocknet	0,6	0	5,0	259	1085
Kumquat	0,3	0	3,7	64	267
Litschi, frisch	0,1	0	1,5	58	248
in der Dose	0,1	0	0,7	68	290
Loganbeeren, frisch	+	0	6,0	18	75
in der Dose	+	0	3,0	107	449
Mandarine, frisch	0,2	0	2,0	45	188
*Diät-, mit Süßstoff, im Glas	0,1	0	1,0	28	119
Mango, frisch	0,3	0	1,7	56	234
in der Dose, gesüßt	0,1	0	1,0	82	345
Mangostane	0,8	0	1,0	80	330
Maracuja (Passionsfrucht)	0,4	0	1,5	66	278
Maulbeeren, frisch	0,4	0	2,0	38	159
Melone					
Honigmelone	0,1	0	1,0	53	222
Netzmelone	0,1	0	1,0	25	105
Wassermelone	0,2	0	0,2	35	146
Mirabellen, frisch	0,2	0	2,4	67	279
*Diät-, mit Süßstoff, im Glas	0,1	0	1,3	40	170
Mispeln, frisch	0,1	0	10,0	44	186
Moosbeeren, frisch	0,7	0	2,0	39	164
Nektarine, frisch	+	0	2,0	53	223
Orange, frisch	0,2	0	2,2	43	180
Papaya, frisch	0,1	0	1,9	13	54

* = weniger Kalorien/weniger Zucker + = in Spuren enthalten 0 = nicht enthalten

Lebensmittel 100 g	Fett g	Cholesterin mg	Ballaststoffe g	Energie kcal	kJ
Passionsfrucht (Maracuja), frisch	0,4	0	1,4	66	278
Pfirsich, frisch	0,1	0	1,7	39	164
getrocknet	0,7	0	4,7	278	1161
in der Dose, gesüßt	0,1	0	1,1	69	289
*Diät-, mit Süßstoff, im Glas	0,1	0	1,1	32	136
Pflaumen, frisch	0,1	0	1,7	51	213
getrocknet	0,6	0	9,0	236	988
in der Dose, gesüßt	0,1	0	1,5	71	297
*Diät-, mit Süßstoff, im Glas	0,1	0	1,5	40	170
Preiselbeeren, frisch	0,6	0	2,5	30	125
in der Dose, gesüßt	0,3	0	2,1	182	763
*Diät-, mit Süßstoff, im Glas	0,3	0	2,1	90	377
Quitten, frisch	0,3	0	6,0	38	159
Renekloden, frisch	0,1	0	3,0	57	239
Rosinen, getrocknet	0,6	0	5,4	281	1174
Sanddornbeeren, frisch	7,1	0	3,0	90	377
Sanddornmark	2,0	0	–	80	336
Stachelbeeren, frisch	0,2	0	3,0	47	195
in der Dose, gesüßt	0,1	0	2,5	90	377
*Diät-, mit Süßstoff, im Glas	0,1	0	2,5	24	100
Sultaninen, getrocknet	0,5	0	5,4	285	1192
Weintrauben, frisch	0,3	0	1,6	73	306
getrocknet (Rosinen)	0,5	0	5,6	267	1118
Zitrone, frisch	0,5	0	0,3	40	167
Gemüse					
Artischocke, roh	0,1	0	2,0	49	203
Artischockenböden in der Dose	0,1	0	3,2	59	250
Artischockenherzen in der Dose	0,1	0	3,2	60	253
Aubergine, roh	0,2	0	1,4	21	87
Bambussprossen, roh	0,3	0	1,7	17	71
Batate (Süßkartoffel), roh	0,6	0	8,0	96	401

* = weniger Kalorien/weniger Zucker 0 = nicht enthalten – = es liegen keine Daten vor

Lebensmittel 100 g	Fett g	Cholesterin mg	Ballaststoffe g	Energie kcal	Energie kJ
Blattsellerie, roh	0,2	0	2,0	23	97
Bleichsellerie (Staudensellerie), roh	0,2	0	3,6	12	50
Blumenkohl, roh	0,3	0	2,9	23	97
Bohnen, grün, roh	0,2	0	3,0	35	147
in der Dose	0,1	0	1,0	23	97
Braunkohl (Grünkohl), roh	0,9	0	4,2	33	137
Broccoli, roh	0,2	0	3,0	24	100
Brunnenkresse, roh	0,3	0	1,0	21	87
Chicorée, roh	0,2	0	1,3	11	46
Chinakohl, roh	0,3	0	1,7	11	46
Eisbergsalat	0,3	0	1,8	13	54
Endivien, roh	0,2	0	1,5	12	50
Erbsen, grün, roh	0,4	0	5,2	69	289
in der Dose	0,4	0	4,0	56	234
Feldsalat	0,4	0	1,8	12	50
Fenchel, roh	0,3	0	3,3	36	149
Frühlingszwiebeln, roh	0,3	0	3,0	40	175
Gartenkresse, roh	1,4	0	1,7	39	164
Gelbe Rüben, roh	0,2	0	3,5	37	157
Grüner Pfeffer, roh	0,4	0	1,0	16	67
im Glas	0,4	0	1,0	14	59
Grünkohl (Braunkohl), roh	0,9	0	4,2	33	137
Gurke, roh	0,2	0	0,9	13	54
Ingwerknolle, roh	0,8	0	1,1	61	256
Karotten (Möhren), roh	0,2	0	2,9	27	113
Kartoffeln, roh	0,1	0	1,9	71	297
Knoblauch, roh	0,1	0	1,5	135	566
Knollensellerie, roh	0,3	0	4,2	22	92
Kohlrabi, roh	0,1	0	1,5	25	105
Kohlrübe, roh	0,2	0	2,7	35	147
Kopfsalat	0,2	0	1,5	10	42

0 = nicht enthalten

Lebensmittel 100 g	Fett g	Cholesterin mg	Ballaststoffe g	Energie kcal	Energie kJ
Kürbis, roh	0,1	0	5,0	25	105
Lauch (Porree), Blätter, roh	0,4	0	2,2	24	100
Knolle, roh	0,3	0	3,0	26	110
Löwenzahnblätter, roh	0,6	0	2,0	45	187
Mais/Zuckermais, roh	1,2	0	4,0	90	377
in der Dose	1,5	0	2,0	110	461
Mangold, roh	0,3	0	2,0	23	97
Meerrettich, roh	0,3	0	3,6	61	256
Möhren (Karotten), roh	0,2	0	2,9	27	113
getrocknet	1,4	0	27,0	204	853
in der Dose	0,3	0	4,0	30	125
Okra, roh	0,1	0	5,0	15	62
Paksoi, roh	0,1	0	1,5	10	42
Paprikafrüchte (grün, gelb), roh	0,3	0	2,0	20	84
Pastinake, roh	0,4	0	11,6	22	92
Petersilienblätter, roh	0,4	0	4,3	60	253
Wurzeln, roh	0,5	0	4,0	31	130
Porree (Lauch), Blätter, roh	0,4	0	2,2	24	100
Knolle, roh	0,3	0	3,0	26	110
Portulak, roh	0,3	0	2,0	15	62
Radieschen, roh	0,1	0	1,5	13	55
Rettich, roh	0,2	0	1,2	10	42
Rhabarber, roh	0,1	0	3,2	11	46
*Diät-, mit Süßstoff, im Glas	0,1	0	2,0	11	46
Rosenkohl, roh	0,3	0	4,4	38	160
Rote Rübe (Bete), roh	0,1	0	2,5	41	173
in der Dose	0,1	0	2,0	25	105
Rotkohl, roh	0,2	0	2,5	21	87
Sauerampfer, roh	0,4	0	3,0	23	97
Schnittlauch, roh	0,7	0	6,0	38	160
Schwarzwurzel, roh	0,4	0	8,0	14	59

* = weniger Kalorien/weniger Zucker   0 = nicht enthalten

Lebensmittel 100 g	Fett g	Cholesterin mg	Ballaststoffe g	Energie kcal	Energie kJ
Spargel, roh	0,1	0	1,4	6	23
in der Dose	0,1	0	1,5	13	55
Spinat, roh	0,3	0	2,3	18	75
in der Dose	0,3	0	2,3	13	55
Staudensellerie (Bleichsellerie), roh	0,2	0	3,6	12	50
Süßkartoffel (Batate), roh	0,6	0	8,0	96	401
Tomate, roh	0,2	0	1,3	17	71
in der Dose	0,2	0	1,0	21	87
Mark, gesalzen	0,5	0	0,5	50	208
Topinambur, roh	0,4	0	13,0	29	122
Wasserkastanien	0,1	0	4,0	80	335
Wegerich, roh	0,2	0	6,0	119	498
Weiße Rübe, roh	0,2	0	3,0	16	67
Weißkohl, roh	0,2	0	3,0	22	92
getrocknet	1,5	0	41,0	219	917
Wirsing, roh	0,4	0	2,8	32	134
Zucchini, roh	0,4	0	1,1	19	79
Zuckererbsen, Schoten, roh	0,2	0	2,5	68	285
Zwiebeln, roh	0,3	0	1,4	33	137
Gemüse, sauer konserviert					
Ananas-Weinkraut	0	0	2,0	40	168
Blaukraut (Rotkohl)	0	0	1,2	44	185
*Diät-, mit Süßstoff	0	0	1,2	24	100
Bohnensalat	0	0	–	30	125
Buntes Gartengemüse	0	0	2,0	55	231
Burgunder-Weinkraut	0	0	2,2	25	205
Cornichons	0	0	0,4	23	97
*Diät-, mit Süßstoff	0	0	0,4	10	42

* = weniger Kalorien/weniger Zucker 0 = nicht enthalten – = es liegen keine Daten vor

Lebensmittel 100 g	Fett g	Cholesterin mg	Ballaststoffe g	Energie kcal	Energie kJ
Gurken					
Gewürzgurken	0	0	0,4	16	67
Salz-Dill-Gurken	0	0	0,4	8	34
Senfgurken	0	0	0,4	25	105
*Diät-, mit Süßstoff	0	0	0,4	10	42
Karottensalat	0	0	1,7	51	214
*Diät-, mit Süßstoff	0	0	1,7	20	86
Kürbis	0	0	0,7	82	344
*Diät-, mit Süßstoff	0	0	0,7	12	50
Maiskölbchen	0	0	2,0	41	173
Mixed Pickles	0	0	0,2	31	130
Oliven, grün, mariniert	13,3	0	4,0	131	549
schwarz, »griechische Art«	35,8	0	–	351	1467
Paprikasalat	0	0	1,0	32	134
Peperoni	0	0	–	40	166
Pusztasalat	0	0	–	29	123
Rote Bete	0	0	2,2	62	263
*Diät-, mit Süßstoff	0	0	2,2	25	105
Rotkohl (Blaukraut)	0	0	1,2	44	185
*Diät-, mit Süßstoff	0	0	1,2	27	113
Sauerkraut, abgetropft	0	0	2,2	16	67
Selleriesalat	0	0	2,1	25	105
*Diät-, mit Süßstoff	0	0	2,1	16	70
Serbischer Bohnensalat	1,0	0	–	96	409
Silberzwiebeln	0	0	–	34	144
Tomatenpaprika	0	0	1,0	25	105
*Diät-, mit Süßstoff	0	0	1,0	18	76
Wachsbohnensalat	0	0	1,6	30	126
Weinkraut	0	0	2,2	26	109
Weißkrautsalat	1,0	0	2,2	32	134
Wirsing	0	0	1,5	26	109

* = weniger Kalorien/weniger Zucker   0 = nicht enthalten   – = es liegen keine Daten vor

Lebensmittel 100 g	Fett g	Cholesterin mg	Ballaststoffe g	Energie kcal	Energie kJ
Gemüsezubereitungen, tiefgefroren					
Balkangemüse	1,0	–	–	85	361
Broccoli-Blumenkohl-Gratin	5,0	–	–	97	406
Buttergemüse	6,0	–	–	106	449
Butter-Leipziger Allerlei	7,0	–	–	115	487
Gemüsepfanne					
Gärtnerin	2,5	–	–	73	305
Toscana	2,5	–	–	55	229
Shanghai	1,7	–	–	58	243
Gemüse plus					
Naturreis und Cashew	3,9	–	–	112	471
Patna und Wildreis	0	0	–	80	340
Crème fraîche-Gemüse					
Blatt-Spinat	8,5	–	–	115	481
Blumenkohl-Broccoli	6,5	–	–	101	422
Bunte Mischung	7,0	–	–	117	491
Champignons	6,0	–	–	86	361
Kohlrabi	6,5	–	–	99	414
Zuckererbsen und Babykarotten	8,0	–	–	116	491
Pfannengemüse					
Bauern-Art	5,3	–	–	114	483
Chinesisch	6,0	–	–	102	432
Französisch	5,0	–	–	101	428
Italienisch	3,3	–	–	61	256
Rahmgemüse					
Blumenkohl	7,0	–	–	99	412
Dicke Bohnen	8,0	–	–	120	504
Karotten	7,2	–	–	99	490
Kohlrabi	7,0	–	–	95	402
Porree	4,0	–	–	64	267
Rosenkohl	8,0	–	–	127	533

0 = nicht enthalten – = es liegen keine Daten vor

Lebensmittel 100 g	Fett g	Cholesterin mg	Ballaststoffe g	Energie kcal	Energie kJ
(Rahmgemüse)					
Spinat	3,0	–	–	59	247
Wirsing	4,0	–	–	76	322
Ratatouille	5,0	–	–	65	275
Suppengemüse mit Brühe	4,0	–	–	52	220
Vivactiv-Gemüse					
ACE Ernte	4,9	–	–	65	268
ACE Garten	4,5	–	–	68	282
Balance	6,1	–	–	88	365
Ballaststoff	9,3	–	–	149	621
Kartoffelerzeugnisse backfertig (TK)					
Frites	6,0	–	2,0	210	885
Chef-Frites	7,0	–	2,0	218	913
Golden-Longs	9,0	–	2,0	262	1100
Hot Banditos	9,5	–	2,0	220	922
Kartoffel-Mandelbällchen	11,1	–	1,3	241	1014
Kroketten	7,0	–	1,3	197	824
Puffer	12,5	–	1,8	221	926
Rösti	8,5	–	2,0	185	774
PizzPockets					
Salami	10,5	–	–	251	1054
Schinken	9,0	–	–	231	970
Supercheese	11,0	–	–	257	1080
pfannenfertig (Frischepack)*					
Bratkartoffeln, 1 Portion = 200 g	11,0	0	4,0	240	1005
Bauernfrühstück, 1 Portion = 250 g	23,0	105	4,0	351	1465
Bunte Pfanne, 1 Portion = 250 g	15,0	12	6,0	278	1160
Kartoffel-Gratin »Classic«, 1 Portion = 200 g	6,0	–	–	161	675

0 = nicht enthalten – = es liegen keine Daten vor *Pfanni

Lebensmittel 100 g	Fett g	Cholesterin mg	Ballaststoffe g	Energie kcal	Energie kJ
Kartoffel-Schmarrn, 1 Portion = 122 g	10,0	293	6,1	466	1965
Kartoffel-Schupfnudeln, 1 Portion = 163 g	6,0	179	9,8	565	2385
Rösti, 1 Portion = 200 g	8,0	+	4,0	211	885
Rösti mit Käse und Speck, 1 Portion = 250 g	15,0	25	5,0	315	1319
kochfertig (Kochbeutel)*					
Knödel, 2 Stück = 200 g					
Knödel halb und halb	1,0	0	2,6	215	900
Semmelknödel	7,0	42	2,7	260	1095
Speckknödel	12,0	29	1,3	227	960
Rohe Klöße	1,0	0	3,4	215	900
Trockenprodukt, zubereitet					
Flockenpüree, 1 Portion = 200 g	1,5	6	1,9	130	550
Kartoffelbrei, 1 Portion = 200 g	3,0	10	1,6	112	476
Kartoffelklöße*, 2 Stück = 180 g					
Gekochte Klöße	0,4	0	2,7	180	763
Halb und halb Klöße	0,2	0	2,3	175	742
Rohe Klöße	0,1	0	2,0	178	756
Kartoffelkroketten, 1 Portion = 150 g	11,4	0	1,4	213	890
Kartoffelpuffer, 1 Portion = 225 g	13,0	0	1,6	207	868
Kartoffelteig, 1 Portion = 135 g	22,0	218	–	615	2580
Knödel*, 2 Stück = 180 g halb und halb	0,2	0	2,1	165	705
Bayerische Knödel, 2 Stück = 180 g	0,2	0	3,0	169	720

+ = in Spuren enthalten 0 = nicht enthalten – = es liegen keine Daten vor *Pfanni

Lebensmittel 100 g / 100 ml	Fett g	Cholesterin mg	Ballaststoffe g	Energie kcal	Energie kJ
Pilze					
Austernpilze	0,3	0	2,0	31	130
Birkenpilz	0,6	0	2,0	20	84
Butterpilz	0,4	0	2,0	25	105
Champignons (Zuchtchampignons)	0,3	0	1,9	15	62
in der Dose	0,3	0	2,0	12	51
Hallimasch	0,7	0	2,0	37	154
Morchel (Speisemorchel)	0,3	0	2,0	31	130
Pfifferling	0,5	0	2,0	23	96
getrocknet	2,2	0	18,0	261	1094
in der Dose	0,7	0	2,0	33	138
Reizker	0,7	0	3,0	27	112
Rotkappe	0,8	0	2,0	25	105
Shii-Take	0,3	0	2,0	40	168
Steinpilz	0,4	0	2,0	34	142
getrocknet	3,2	0	16,0	282	1180
Trüffel	0,5	0	16,0	56	235
Alkoholfreie Getränke					
Fruchtsäfte, 100% Saft					
Acerolasaft	0,3	0	+	22	92
Ananassaft, ungesüßt	+	0	+	56	235
Apfelsaft, klar	+	0	0	47	197
Birnensaft, klar	+	0	0	43	180
Granatapfelsaft	+	0	+	47	197
Grapefruitsaft, ungesüßt	+	0	+	39	164
gesüßt	+	0	+	58	241
Multivitaminsaft	+	0	+	53	226

+ = in Spuren enthalten   0 = nicht enthalten

Lebensmittel 100 ml	Fett g	Cholesterin mg	Ballaststoffe g	Energie kcal	Energie kJ
Orangensaft					
frisch gepreßt	0,2	0	+	47	197
ungesüßt, Handelsware	0,2	0	+	49	205
Konzentrat (TK)	1,3	0	–	239	998
Quittensaft, gesüßt	+	0	+	65	270
Sanddornsaft	2,3	0	–	44	184
Traubensaft, weiß	+	0	0	65	274
rot	+	0	0	60	251
Zitronensaft	0,2	0	+	35	147
Fruchtnektare, 25–50% Fruchtgehalt					
Ananasnektar	+	0	+	48	201
Apfelnektar	+	0	0	47	197
*Diät-Apfelnektar	+	0	0	29	124
Aprikosennektar	+	0	+	61	255
*Diät-Aprikosennektar	+	0	+	30	128
Birnennektar	+	0	0,5	55	228
*Diät-Birnennektar	+	0	+	21	88
Brombeernektar	+	0	0	58	248
*Diät-Brombeernektar	+	0	0	16	69
Grapefruitnektar	+	0	+	45	192
*Diät-Grapefruitnektar	+	0	+	20	84
Guavenektar	+	0	+	52	220
Hagebuttennektar	+	0	0	49	205
Heidelbeernektar	+	0	0	54	232
Johannisbeernektar, rot	+	0	0	59	250
schwarz	+	0	0	61	255
*Diät-Schwarzer Johnnisbeernektar	+	0	0	21	88
Multivitaminnektar	+	0	+	48	201
*Diät-Multivitaminnektar	+	0	+	24	101

* = weniger Kalorien/weniger Zucker + = in Spuren enthalten 0 = nicht enthalten
– = es liegen keine Daten vor

Lebensmittel 100 ml	Fett g	Cholesterin mg	Ballaststoffe g	Energie kcal	Energie kJ
Orangennektar	+	0	+	43	180
*Diät-Orangennektar	+	0	+	21	88
Orange-Maracujanektar	+	0	+	42	176
*Diät-Orange-Maracujanektar	+	0	+	20	84
Pfirsichnektar	+	0	+	60	251
Pflaumennektar	+	0	+	71	301
Sauerkirschnektar	+	0	0	57	240
*Diät-Sauerkirschnektar	+	0	0	27	114
Erfrischungsgetränke					
Bitter Lemon	0	0	0	49	205
*Bitter Lemon »light«	0	0	0	12	50
Cola	0	0	0	44	184
Cola »light«	0	0	0	0,5	2
Cola-Mix	0	0	0	42	176
*Cola-Mix »light«	0	0	0	1	4
Eistee	0	0	0	30	126
*Eistee »light«	0	0	0	4	17
Fanta	0	0	0	42	176
*Fanta »light«	0	0	0	3	12
Ginger Ale	0	0	0	35	147
*Ginger Ale »light«	0	0	0	11	46
Grapefruitsaftlimonade	0	0	0	40	168
*deit-Grapefruit	0	0	0	3	12
Isostar	0	0	0	31	126
*deit sport ISO	0	0	0	18	74
Orangensaftlimonade	0	0	0	40	168
*deit Orange	0	0	0	2	9
Sprite	0	0	0	41	172
*Sprite »light«	0	0	0	1	4
Tonic Water	0	0	0	37	155
*Tonic Water »light«	0	0	0	11	46

* = weniger Kalorien/weniger Zucker + = in Spuren enthalten 0 = nicht enthalten

Lebensmittel 100 ml	Fett g	Cholesterin mg	Ballaststoffe g	Energie kcal	Energie kJ
Zitronenlimonade, klar	0	0	0	32	134
*deit-Citro	0	0	0	3	12
Zitronensaftlimonade	0	0	0	47	197
*deit-Zitrone	0	0	0	2	9
Gemüsesäfte					
Apfel-Sellerie-Saft	+	0	+	27	114
Gemüsesaft	+	0	+	15	63
Karottentrunk	+	0	+	34	143
Möhrensaft	+	0	+	31	130
Paprikatrunk	+	0	+	19	81
Rhabarbertrunk	+	0	+	53	226
Rote-Bete-Saft	+	0	+	40	168
Sauerkrautsaft	+	0	+	12	50
Selleriesaft	+	0	+	32	135
Spinatsaft	+	0	+	10	42
Tomatensaft	+	0	+	15	63
Sirupe					
Ahornsirup	0	0	0	269	1229
Himbeersirup	0	0	0	274	1146
Ingwersirup	0	0	0	275	1141
Alkoholische Getränke					
Bier					
*alkoholfreies Schankbier (0,04°–0,6°)	0	0	0	21	88
Alt (5°)	0	0	0	43	180
Bock, hell (7°)	0	0	0	62	259
Doppelbock, dunkel (8°)	0	0	0	69	289
Einfachbier (1°–2°)	0	0	0	10	42

* = weniger Kalorien + = in Spuren enthalten 0 = nicht enthalten

Lebensmittel 100 ml	Fett g	Cholesterin mg	Ballaststoffe g	Energie kcal	kJ
Export, hell (5°)	0	0	0	47	197
Kölsch (5°)	0	0	0	42	176
Lagerbier (Vollbier), hell (5°)	0	0	0	43	180
Malzbier/Malztrunk (0,04°–0,6°)	0	0	0	48	201
Pilsener Lagerbier (5°)	0	0	0	43	180
*Diät-Pils (5°)	0	0	0	31	130
Vollbier (Lagerbier), hell (5°)	0	0	0	43	180
*Bier »leicht« (2,5°–3,0°)	0	0	0	28	117
Weißbier (5°)	0	0	0	47	197
*Weißbier »leicht« (2,5°–3°)	0	0	0	23	96
Weizenvollbier (5°)	0	0	0	46	193
Wein, Sekt					
Apfelwein (5°)	0	0	0	37	155
Dessertwein i. D.	0	0	0	160	670
Johannisbeerwein (8°–10°)	0	0	0	74	311
Madeira	0	0	0	171	714
Marsala	0	0	0	100	420
Portwein	0	0	0	166	695
Reiswein	0	0	0	120	500
Rotwein, Qualitätswein (10°–12°)	0	0	0	74	311
alkoholfrei	0	0	0	26	109
Sekt (11°–12°)					
trocken	0	0	0	82	346
halbtrocken	0	0	0	90	377
süß	0	0	0	110	460
*Light Line (1,8°)	0	0	0	34	146
Sherry					
trocken	0	0	0	120	500
süß	0	0	0	140	580
Tokayer	0	0	0	160	670

* = weniger Kalorien 0 = nicht enthalten

Lebensmittel 100 ml	Fett g	Cholesterin mg	Ballaststoffe g	Energie kcal	kJ
Weißwein, Qualitätswein (10°–12°)	0	0	0	79	332
Tafelwein (9°–10°)	0	0	0	65	273
alkoholfrei	0	0	0	26	109
Wermut (18°), trocken	0	0	0	114	478
süß	0	0	0	190	798
Likör					
Fruchtlikör i. D. (30°)	0	0	0	325	1360
Grand Marnier (40°)	0	0	0	370	1554
Eierlikör (20°)	4,6	150	0	271	1133
Kümmellikör (30°)	0	0	0	300	1250
Spirituosen					
Campari (25°)	0	0	0	150	628
Cognac (40°)	0	0	0	235	987
Gin (40°)	0	0	0	235	987
Korn (30°)	0	0	0	178	749
Obstbranntwein (45°)	0	0	0	248	1038
Ouzo (38°)	0	0	0	200	840
Rum (54°)	0	0	0	302	1270
(40°)	0	0	0	235	987
Weinbrand (38°)	0	0	0	215	903
Whisky (43°)	0	0	0	241	1014
Wodka (40°)	0	0	0	235	987
Weinhaltige Getränke 1 Glas 0,2 l					
Bowle Erdbeer	0	0	+	200	840
Feuerzangen-	0	0	0	320	1345
Mai-	0	0	0	150	630
Glühwein	0	0	0	180	755
Kalte Ente	0	0	0	180	755

+ = in Spuren enthalten 0 = nicht enthalten

Lebensmittel 100 g	Fett g	Cholesterin mg	Ballaststoffe g	Energie kcal	Energie kJ
Kullerpfirsich	0	0	+	200	840
Punsch mit Rotwein	0	0	0	285	1190
Sangria	0	0	+	200	840
Mixgetränke					
1 Glas 0,2 l					
Cola-Rum	0	0	0	140	588
Daiquiri	0	0	0	170	714
Egg-Nogg	–	–	0	280	1175
Gin-Fizz	0	0	0	140	588
Gin-Tonic	0	0	0	170	714
Sekt mit Orangensaft	0	0	0	75	315
Tom Collins	0	0	0	110	460
Süßwaren, Süßspeisen					
Süße Brotaufstriche					
Apfeldicksaft (Apfelkraut)	1,9	0	11,6	245	1026
Bienenhonig i. D.	0	0	0	325	1360
Birnendicksaft (Birnenkraut)	1,3	0	10,5	282	1199
Fruchtgelees i. D.	+	0	1,9	253	1075
Konfitüre i. D.	+	0	3,0	266	1119
*Konfitüre, kalorienreduz. i. D.	+	0	–	150	628
*Diät-Konfitüre mit Fruchtzucker i. D.	+	0	–	170	720
*Diät-Konfitüre mit Süßstoff i. D.	+	0	–	110	468
Nutella	30,0	0	–	520	2184
*Nussenia ohne Zucker	36,0	0	–	468	1960
Pflaumenmus	+	0	3,1	233	990
Zuckerrübensirup (Melasse)	0	0	0	256	1085

* = weniger Kalorien/weniger Zucker + = in Spuren enthalten 0 = nicht enthalten
– = es liegen keine Daten vor

Lebensmittel 100 g	Fett g	Cholesterin mg	Ballaststoffe g	Energie kcal	kJ
Süßmittel					
Zucker	0	0	0	400	1680
*Diabetikersüße (Sorbit)	0	0	0	240	1008
*Leichte Süße	0	0	0	397	1667
1 Teelöffel (3 g süßen wie 6 g Zucker)	0	0	0	12	50
*Streusüße	0	0	0	400	1680
1 Teelöffel (0,5 g süßen wie 5 g Zucker)	0	0	0	2	8
*Süßstoff, 1 Tablette (süßt wie 4–5 g Zucker)	0	0	0	0	0
Fruchtzucker	0	0	0	400	1680
*Fruchtzucker-Streusüße	0	0	0	396	1663
1 Teelöffel (5 g süßen wie 10 g Zucker)	0	0	0	20	84
Gelierzucker	0	0	–	385	1617
*Gelierzucker, leicht	0	0	–	210	896
Süßigkeiten					
After Eight, 1 Stück	1,0	–	0	35	150
Balisto Corn-Mix, 1 Riegel	5,7	–	–	112	471
Banjo, 1 Riegel	7,2	–	–	114	478
Bonbons, Sahnekaramellen	5,0	13	0	390	1638
Bounty, 1 Riegel	7,7	–	–	142	596
Canyon Schoko-Nuß. 1 Riegel	10,1	–	–	177	743
Corny fruchtig, 1 Riegel	2,3	–	3,0	95	398
Cracky Mountains	26,0	–	–	510	2142
Duplo, 1 Stück	6,5	–	–	108	453
Ferrero-Küßchen, 1 Stück	4,0	–	–	65	273
Ferrero-Rocher, 1 Stück	4,1	–	–	59	247
Fruchtgummi	0	0	0	340	1423

* = weniger Kalorien/weniger Zucker   0 = nicht enthalten   – = es liegen keine Daten vor

Lebensmittel 100 g	Fett g	Chole-sterin mg	Ballast-stoffe g	Energie kcal	Energie kJ
Hanuta, 1 Stück	8,7	–	–	118	495
Kaugummi, 1 Stück	0	0	0	10	42
Kinderschokolade	35,0	–	0	540	2268
Lakritz Konfekt	3,4	0	1,2	354	1481
Lübecker Herzen	30,0	–	–	494	2075
M&M's, 1 kleine Packung	9,6	–	–	227	953
mit Erdnüssen	13,1	–	–	248	1038
Mars, 1 Riegel	11,2	–	–	270	1130
Marshmallows	0	0	0	340	1423
Marzipan	25,0	0	3,2	453	1895
Milchschnitte, 1 Stück	8,1	–	–	137	575
Milky Way, 1 Riegel	5,0		–	133	558
Mon Cherie, 1 Stück	2,2	–	–	50	210
Nougat	24,0	0	3,1	500	2092
Raider, 1 Riegel	6,8	–	–	140	588
Schokolade, halbbitter	30,0	0	6,0	507	2122
zartbitter	34,0	0	14,0	520	2165
Snickers, 1 Riegel	15,9	0	–	296	1243
Studentenfutter	37,0	0	–	550	2310
Treets, 1 Packung	12,6	–	–	231	970
Vollmilchschokolade	30,0	2	3,0	526	2200
mit Haselnüssen	36,5	1	3,0	556	2335
Süße Desserts					
fertig oder aus Trockenprodukt zubereitet					
Aranca-Creme ohne Kochen (zubereitet) i. D.	1,7	–	+	115	481
Bayrisch Creme	5,7	–	+	135	567
Buttermilch-Dessert mit Früchten	5,0	18	+	110	459
Cassiscreme (zubereitet)	10,0	–	+	196	831

\+ = in Spuren enthalten   0 = nicht enthalten   – = es liegen keine Daten vor

Lebensmittel 100 g	Fett g	Cholesterin mg	Ballaststoffe g	Energie kcal	Energie kJ
Frucht-Creme mit Sahne i. D.	5,4	20	+	113	474
Fruchtkaltschale (zubereitet mit Wasser)	0	0	+	57	242
Fruttina-Fruchtpudding (zubereitet mit Wasser) i. D.	0	0	+	84	357
Gala-Pudding (zubereitet) i. D.	3,1	11	+	111	468
Galetta-Creme ohne Kochen (zubereitet) i. D.	3,1	11	+	107	448
Götterspeise (zubereitet)	0	0	+	64	273
*natreen-Götterspeise (zubereitet)	0	0	+	25	107
Grießbrei	3,4	13	0	112	469
Grießpudding	2,7	10	+	104	435
Joghurt-Dessert-Creme	4,5	17	0	121	505
Mandella-Pudding (zubereitet) i. D.	3,5	12	+	116	489
Milchpudding					
aus Vollmilch	3,1	11	0	111	466
aus fettarmer Milch	1,2	5	0	96	404
aus Magermilch	0,2	1	0	85	354
*natreen-Pudding (zubereitet) i. D.	1,4	6	0	65	274
Milchreis i. D.	2,5	9	0,5	125	523
mit Sahne i. D.	6,2	22	0,5	145	616
*Milchreis »leicht« i. D.	0,8	3	0,5	71	295
Mokkacreme mit Sahne	5,4	20	0	120	502
Mousse au Chocolat	13,8	36	0	219	912
*Diät Mousse au Chocolat	7,6	20	0	141	590
*natreen-Mousse au Chocolat (zubereitet)	4,4	17	0	101	423
Mousse Bourbonvanille	8,8	36	0	171	714
Mousse Cappuccino	8,5	–	0	166	696

* = weniger Kalorien/weniger Zucker + = in Spuren enthalten 0 = nicht enthalten
– = es liegen keine Daten vor

Lebensmittel 100 g	Fett g	Cholesterin mg	Ballaststoffe g	Energie kcal	Energie kJ
Nuß-Sahnedessert	9,5	35	+	162	677
Paradiescreme ohne Kochen (zubereitet) i. D.	4,6	–	0	136	573
Rot-, Weißweincreme	4,2	16	0	125	523
*Diät-Rotweincreme	2,2	8	0	72	301
Rot-, Weißweincreme mit Alkohol (zubereitet)	9,6	–	0	204	856
Rote Grütze	0	0	1,5	124	519
*natreen-Rote-Grütze	0	0	1,5	46	193
Schokocreme mit Sahne	5,8	21	0	134	560
*Diät Schokocreme mit Sahne	3,6	13	0	74	308
Schoko-Creme-Dessert	8,4	30	0	197	826
*natreen-Schoko-Creme-Dessert (zubereitet)	4,0	–	0	81	344
Schoko-Sahnedessert	9,5	35	0	162	677
Schokopudding mit Vanillesoße	3,4	–	0	86	360
Tirami Su	36,0	96	0	404	1690
*Diät Creme Tiramisu (zubereitet)	13,7	–	–	203	851
Traumcreme (zubereitet)	8,0	12	0	178	748
Vanille-Creme-Dessert	9,6	34	0	189	789
*natreen-Vanille-Creme-Dessert (zubereitet)	4,0	–	0	82	346
Vanilleflammeri	2,0	24	+	54	226
Vanillepudding mit Himbeersoße	2,2	–	+	95	398
Vanillepudding mit Sahne	3,2	–	0	109	456
Vanille-Sahnedessert	9,5	35	0	162	677
Zitronencreme	6,0	88	+	144	603
*natreen-Zitronen-Creme-Dessert (zubereitet)	3,9	–	0	78	326

* = weniger Kalorien/weniger Zucker + = in Spuren enthalten 0 = nicht enthalten
– = es liegen keine Daten vor

Lebensmittel 100 g	Fett g	Cholesterin mg	Ballaststoffe g	Energie kcal	Energie kJ
Dessertsoßen					
fertig oder aus Trockenprodukt (zubereitet)					
Frucht-Dessertsoßen im Glas i. D.	0	0	–	220	935
Himbeersoße (zubereitet)	0	0	–	89	373
Karamelsoße im Glas	8,0	0	0	315	1323
Sahne-Schokolade-Soße im Glas	4,0	–	0	268	1134
Sahne-Vanille-Soße im Glas	6,0	–	0	146	614
Schlagschaum (zubereitet)	13,0	–	0	216	914
Schokoladensoße (zubereitet)	4,1	–	0	106	444
Vanillesoße (zubereitet)	3,1	–	0	94	400
*natreen-Vanillesoße (zubereitet)	1,5	–	0	54	227
Speiseeis					
Einfacheiskrem	3,3	12	–	136	569
*Diät-Einfacheiskrem	3,3	12	–	84	349
Eiskrem	10,2	38	–	201	843
Fruchteis	0,3	6	–	80	336
*Diät-Fruchteis	0,3	6	–	55	230
Fruchteiskrem	8,2	31	–	183	766
*Diät-Fruchteiskrem	2,3	9	–	117	487
Joghurteis	3,0	11	–	146	609
Milchspeiseeis	3,0	12	–	137	575
Quarkeiskrem	8,3	–	–	195	820
Sahneeis	18,0	54	–	243	1015
Softeis, Frucht-	6,0	21	–	100	420
Milch-	8,0	30	–	140	588
Sorbet, Frucht-	0,2	0	–	131	552
Wein-	0,1	0	0	127	533

* = weniger Kalorien/weniger Zucker   0 = nicht enthalten   – = es liegen keine Daten vor

Lebensmittel 100 g	Fett g	Cholesterin mg	Ballaststoffe g	Energie kcal	Energie kJ
Vollwerteis Carobe	12,3	–	–	198	831
Frucht-Joghurt	4,9	–	–	160	679
Honig-Zimt	13,2	–	–	204	859
Eis-Kleinpackungen					
1 Stück					
Bottermelk fresh Zitrone, Waffeltüte	7,0	–	–	181	769
Buntstift	2,0	0	0	26	108
Calippo Cola	0	0	0	87	367
Limette	0	0	0	99	419
Capri	+	0	0	53	225
Cornetto Erdbeer	8,0	–	–	189	793
Haselnuß	14,0	–	–	243	1014
Schokolade	14,0	–	–	252	1067
Cornetto Royal					
Heidelbeere	12,0	–	–	271	1134
Schoko/Walnuß	19,0	–	–	337	1412
Cuja Mara Split	3,0	–	–	95	403
*Diät-Becher					
Erdbeer-Vanille	4,7	–	–	100	418
Schoko-Vanille	6,9	–	–	110	459
Domino	8,0	–	–	134	570
Frigurt Kirsche	4,1	–	–	67	279
Pfirsich Maracuja	4,1	–	–	69	287
I Cestelli, kleiner Becher	11,0	–	–	259	1084
Joghurt fresh Kirsche	5,0	–	–	182	761
Langnese Konfekt, 1 Packung	30,0	–	–	394	1650
Lila Pause Cocos-Mandel	12,0	–	–	172	720
Erdbeer-Joghurt-Crisp	10,2	–	–	158	661

* = weniger Kalorien/weniger Zucker + = in Spuren enthalten 0 = nicht enthalten
– = es liegen keine Daten vor

Lebensmittel	Fett	Cholesterin	Ballaststoffe	Energie	
	g	mg	g	kcal	kJ
1 Stück					
Lila Pause Nougat-Crisp	10,7	–	–	163	682
Vanille-Crisp	10,5	–	–	166	695
Magnum, Classic	19,0	–	–	292	1223
Double	25,0	–	–	390	1625
Orange Chocolate	20,0	–	–	293	1232
Mandel	22,0	–	–	323	1352
Weiss	19,0	–	–	309	1286
McSundae Eis (McDonald's)	4,0	–	–	150	628
Mövenpick, Waffeltüte					
Blutorange	13,1	–	–	321	1338
Brombeer-Joghurt	14,0	–	–	280	1172
Crème Ananas	12,3	–	–	314	1314
Maple Walnuts	20,0	–	–	331	1382
Vanilla-Mandel	19,4	–	–	329	1375
*natreen-Eis, Erdbeer	8,6	–	–	191	794
Schoko	8,8	–	–	189	789
Vanille	9,7	–	–	191	796
*natreen Fruchteis Erdbeer	0,3	–	–	101	422
Maracuja-Orange	0,3	–	–	108	453
Nogger	17,0	–	–	233	983
Nogger choc	22,0	–	–	296	1203
Quarkeiscreme, Waffeltüte					
Zitrone	6,6	–	–	150	629
Schwarzwald-Becher	8,0	–	–	172	729
Sky	14,0	–	–	204	854
Cocos	17,0	–	–	228	954
Stracciatella, kleiner Becher	7,5	–	–	129	541
Tartufo	11,2	–	–	184	769
Tartufo Bianco	5,9	–	–	136	569
Zimteis-Stern	8,0	–	–	134	563

* = weniger Kalorien/weniger Zucker – = es liegen keine Daten vor

Lebensmittel 100 g	Fett g	Cholesterin mg	Ballaststoffe g	Energie kcal	kJ
Salate, Dressings, Saucen					
Feinkostsalate, tafelfertig					
Bermudasalat	23,6	–	–	274	1160
Budapester Salat[x]	25,0	–	–	261	1096
Champignonsalat	30,7	–	–	303	1281
Dillhappen	23,0	–	–	245	1036
Eiersalat[x]	17,0	–	–	193	816
*Du darfst-Eiersalat	9,3	164	–	133	558
Farmersalat[x]	24,0	21	0,9	242	1011
Fleischsalat[x]	36,0	45	0,9	358	1497
*Du darfst-Fleischsalat	17,9	40	–	205	860
*Fleischsalat light[x]	17,0	–	–	197	833
Floridasalat	25,9	–	–	289	1222
Geflügelsalat[x]	16,0	34	1,1	207	866
*Du darfst-Geflügelsalat	10,0	34	–	155	650
*Du darfst-Putensalat	11,0	30	–	157	654
*Geflügelsalat light[x]	6,5	15	1,0	113	478
Heringssalat[x]	21,0	31	0,7	227	949
Jägersalat[x]	20,0	–	–	212	896
Karottensalat	16,1	14	0,9	168	709
*Kartoffelsalat mit Mayonnaise[x]	11,0	17	0,9	157	665
Kartoffelsalat mit Öl	6,6	2	0,6	113	477
*Kartoffelsalat light[x]	6,0	–	–	120	509
Krabbensalat[x]	35,0	97	0,1	351	1483
*Du darfst-Krabbensalat	13,0	90	0,1	177	737
Matjessalat	16,2	–	–	192	811
Nudelsalat, Italienischer[x]	29,0	33	1,3	385	1629
*Nudelsalat Peking[x]	1,0	–	–	92	383

* = weniger Kalorien/weniger Fett – = es liegen keine Daten vor [x] = Nadler Feinkost

Lebensmittel 100 g	Fett g	Cholesterin mg	Ballaststoffe g	Energie kcal	kJ
Ochsenmaulsalat	–	–	–	36	151
Partysalat	17,0	–	–	180	753
Rindfleischsalat[x]	22,0	–	–	246	1040
Russischer Salat[x]	4,0	–	–	80	339
Satesalat Bali[x]	14,0	–	–	222	927
Schinken-Lauch-Salat[x]	17,7	26	0,7	217	919
*Du darfst-Schinken-Lauch-Salat	9,4	–	–	133	552
Seelachssalat[x]	30,0	–	–	314	1327
Thunfischsalat[x]	27,0	–	–	289	1222
*Du darfst-Thunfischsalat	14,1	80	–	182	756
Ungarischer Salat[x]	23,5	30	1,0	248	1050
Waldorfsalat[x]	18,0	15	1,0	206	863
Weißkrautsalat[x]	16,0	20	1,1	183	764
Zazikisalat[x]	23,0	–	–	261	1093
Feinkost-Saucen, tafelfertig					
Asia Sauce	0,4	0	1,5	150	640
Barbecue Sauce	0,3	0	0,7	115	480
Chili Sauce	0,3	0	1,1	81	345
Cocktail Sauce	13,0	–	0,7	180	750
Cumberland Sauce	0,4	0	3,3	180	755
Curry Sauce	13,0	–	0,7	186	775
Grill- und Steak Sauce	0,2	0	0,3	139	584
Grüne Pfeffer Sauce	18,5	–	–	199	836
Jäger Sauce	4,0	0	2,7	74	310
Ketchup					
Curryketchup	0,3	0	0,6	64	270
Tomatenketchup	0,3	0	0,8	116	487
*Tomatenketchup light	0,3	0	0,6	50	210
Knoblauch Sauce, hell	13,0	–	0,2	170	705

* = weniger Kalorien/weniger Fett/weniger Zucker 0 = nicht enthalten
– = es liegen keine Daten vor [x] = Nadler Feinkost

Lebensmittel 100 g	Fett g	Cholesterin mg	Ballaststoffe g	Energie kcal	Energie kJ
Mango-Chutney	0,2	0	1,5	168	714
Mayoghurt	18,2	–	0	222	939
Mayonnaise					
80% Fett	82,5	140	0	782	3273
50% Fett	52,0	52	0	490	2050
Miracel Whip	40,0	45	0	410	1695
*Miracel Whip Balance	20,0	20	0	235	970
*Halvanaise	38,0	40	0	390	1650
*Leichte Belvita, cholesterinarm	20,0	0	0	245	1010
*Delikateßcreme »Leicht«	16,5	–	0	202	844
Meerrettich	7,0	0	–	101	423
mit Sahne	25,5	–	–	293	1230
Paprikamark	10,0	0	–	166	695
Piccalilli	1,5	0	–	80	337
Remoulade, 50% Fett	50,0	50	+	500	2100
*Leichte Belvita-Remoulade	19,0	–	0	210	860
*Remoulade light	25,0	0	0	264	1114
Relish					
Barbecue-	1,0	0	–	160	670
Exotic-	1,0	0	–	150	630
Fondue-	1,0	0	–	150	630
Mexican-	1,0	0	–	110	460
Schaschlik Sauce	0,4	0	0,7	105	435
Senf, mittelscharf	7,6	0	1,0	143	607
extra scharf	9,5	0	1,5	165	698
süß (bayerisch)	3,7	0	1,0	157	666
Soja Sauce	0,6	0	0	70	293
Taco Sauce	0,6	0	1,2	103	440
Tzatziki Sauce	13,0	–	+	255	1075
Zigeuner Sauce	0,2	0	1,5	82	345

* = weniger Kalorien/weniger Fett/weniger Cholesterin + = in Spuren enthalten
0 = nicht enthalten – = es liegen keine Daten vor

Lebensmittel 100 g	Fett g	Chole- sterin mg	Ballast- stoffe g	Energie kcal	 kJ
Dressings, Salatsaucen, tafelfertig					
Balsamico Dressing	10,0	–	+	114	480
Caesar Dressing	14,0	–	+	170	710
French Dressing	13,0	–	0,3	170	710
Joghurt Dressing	13,0	–	0,2	163	675
Joghurt-Salatcreme	30,0	–	0	318	1336
*becel Diät-Salatcreme	40,0	0	0	407	1709
*Leichte Salatcreme	20,0	0	0	222	937
Kartoffelsalat Sauce	50,0	–	0	474	1990
Saladessa Dressings	32,0	–	0	325	1365
Salatfix					
Französische Art	25,5	–	–	277	1168
Italienische Art	5,0	–	–	64	271
Kräutergarten	24,5	–	+	260	1092
Kräuterwürzig	0	0	+	25	104
*Leicht, gekräutert	6,0	–	+	114	480
Mit Joghurt	9,2	–	–	129	542
Mit Crème fraîche	14,0	–	–	166	697
Thousand-Islands	12,5	0	+	176	735
Soßen/Saucen aus Trockenprodukt oder aus Konzentrat zubereitet					
Bratensaft, klar[x]	2,8	5	0	42	175
Bratensoße, extra[x]	2,4	+	0	56	235
Buttersauce Hollandaise	45	78	0	433	1819
Helle Soße[x]	2,8	0	0	54	227
Jägersoße[x]	1,6	0	0	36	150
Rahmsoße[x]	3,2	7	0	65	272
Spaghettisaucen[x]					
Sahne Sauce Carbonara	7,6	90	0	102	428
Tomaten Sauce Napoli	1,0	0	1,5	60	250

* = weniger Kalorien/weniger Fett + = in Spuren enthalten 0 = nicht enthalten
– = es liegen keine Daten vor [x] = Knorr

Lebensmittel 100 g	Fett g	Cholesterin mg	Ballaststoffe g	Energie kcal	Energie kJ
Meggle Butter-Saucen					
Béarnaise	33,0	150	+	330	1370
Café de Paris	32,0	140	+	325	1335
Hollandaise	33,0	150	0	330	1370
Tartex Vegetabile Saucen					
Braune Sauce	4,9	0	–	70	293
Kräuter Sauce	5,3	0	–	73	306
Pilz Sauce	5,0	0	–	70	293
Fertiggerichte, Fertigmenüs					
Brühen, klare Suppen					
1 Teller = ¼ l aus Trockenprodukt zubereitet					
Gekörnte Brühe	+	0	0	5	21
Gemüsebouillon, Instant	+	0	0	10	42
Klare Fleischsuppe, Würfel	1,2	0	0	19	78
Klare Hefe-Brühe, Instant	0,5	0	0	12	52
Pflanzliche Brühe, Würfel	0,7	0	0	10	42
Rindfleischbouillon	0,7	0	0	12	52
Suppen, Eintopfsuppen					
1 Teller = ¼ l verzehrfertig, in Dosen, tiefgefroren (TK) oder aus Trockenprodukt zubereitet					
Balkantopf (Dose)	7,5	–	–	197	829
Bihun-Suppe (TK)	6,0	–	–	120	504
Blumenkohl-Broccoli-Suppe (zubereitet)ˣ	9,5	0	2,5	140	585
Bouillabaisse (Dose)	13,2	50	0,7	215	903
Champignoncreme-Suppe (zubereitet)ˣ	7,5	0	0,5	234	975

+ = in Spuren enthalten 0 = nicht enthalten – = es liegen keine Daten vor ˣ = Knorr

Lebensmittel	Fett g	Chole-sterin mg	Ballast-stoffe g	Energie kcal	 kJ
1 Teller = 1/4 l					
China-Suppe (TK)	7,5	–	–	112	472
Chili con Carne (Dose)	3,7	–	–	247	1039
Erbsentopf mit Speck (zubereitet)x	3,5	3	7,5	162	671
Gemüse-Suppe Minestrone (zubereitet)x	1,5	0	1,8	53	219
Grießklößchen-Suppe (zubereitet)x	2,3	10	1,0	48	202
Grünkerncreme-Suppe (zubereitet)x	10,5	0	1,7	157	653
Gulaschsuppe (zubereitet)x	6,3	0	2,0	112	495
Hühnersuppe mit Nudeln (zubereitet)x	1,0	18	1,0	84	354
Hummersuppe (Dose)	15,2	72	–	192	806
Kartoffel Crème fraîche-Suppe (zubereitet)x	13,0	9	1,0	180	756
Kartoffel-Suppe mit Speck (zubereitet)x	6,0	1	1,1	123	517
Käsecreme-Suppe (zubereitet)x	11,0	6	0,5	153	642
Lauchcreme-Suppe (zubereitet)x	7,0	0	1,0	115	483
Linsentopf mit Speck (zubereitet)x	3,5	2	8,0	220	935
Markklößchensuppe (zubereitet)x	5,5	10	0,7	95	399
Pichelsteiner Eintopf (Dose)	3,7	25	–	172	724
Rindfleisch-Suppe mit Fleischklößchen (zubereitet)x	1,3	8	0,7	86	361
Spargelcremesuppe (zubereitet)x	7,8	0	0,6	139	582

0 = nicht enthalten – = es liegen keine Daten vor x = Knorr

Lebensmittel 100 g	Fett g	Cholesterin mg	Ballaststoffe g	Energie kcal	Energie kJ
1 Teller = 1/4 l					
Tomatencremesuppe mit Croûtons (zubereitet)	7,0	0	2,0	155	650
Waldpilz-Suppe (zubereitet)	10,5	5	1,0	152	638
Zwiebelsuppe	+	0	–	46	193
Fertiggerichte in Dosen, tiefgefroren (TK) oder in der Folie					
Baguettes (TK)[x], 1 Stück = 125 g					
Bolognese	11,0	–	–	269	1132
Champignon	9,0	–	–	288	1209
Hawaii	9,0	–	–	285	1200
Provence	17,0	–	–	353	1479
Salami	11,0	–	–	303	1274
Tomaten-Käse	12,0	–	–	292	1226
Balkan-Röllchen (TK)	13,2	–	–	194	815
Bami Goreng (Dose)	2,5	–	–	144	605
Cannelloni (Folie)	5,3	202	–	113	475
Ćevapčići (Folie)	8,0	–	–	124	520
China-Gericht, süß-sauer (Folie)	2,0	–	–	90	375
Chop Suey mit Reis (Folie)	0,8	–	–	107	450
Curryfleisch »Ceylon« (Folie)	16,5	–	–	190	798
Fischstäbchen (TK)	6,0	–	–	178	757
Frühlingsrolle (TK)	1,3	–	–	145	609
Gefüllte Paprikaschoten (Dose)	8,5	–	–	130	546
Gefüllte Scholle (TK), Lyoner Art	12,0	–	–	200	847
Grüne Bohnen mit Rindfleisch (Dose)	6,0	–	–	98	411
Grünkohl mit Rauchwürsten (TK)	9,0	–	–	121	512
Gulasch, ungarische Art (Dose)	10,0	–	–	156	655
Hacksteaks in Champignonrahm-Soße (TK)	12,0	–	–	160	677

+ = in Spuren enthalten 0 = nicht enthalten – = es liegen keine Daten vor [x] = Iglo

Lebensmittel 100 g	Fett g	Cholesterin mg	Ballaststoffe g	Energie kcal	Energie kJ
Happy Snack (TK)					
mit Blattspinat u. Putenfleisch	6,4	–	–	130	546
mit Broccoli und Schinken	5,9	–	–	125	525
mit Frischkäse und Kräutern	7,4	–	–	140	590
mit Greyerzer Käse und Walnüssen	6,0	–	–	135	567
Hefeteigtörtchen, gefüllt (TK)					
Bolognese	7,3	–	–	207	869
Chili con Carne	6,6	–	–	204	857
Lyon	6,1	–	–	205	861
Marco Polo	3,1	–	–	170	714
Hirschgulasch (TK)	4,8	–	–	125	525
Hühnerfrikassee mit Reis (Folie)	3,0	–	–	105	441
Kalbsfrikassee (Dose)	6,0	–	–	110	462
Klopse in pikanter Kapernsoße (Dose)	8,0	–	–	124	520
Kohlrouladen (Dose)	4,0	–	–	74	311
Königsberger Klopse (TK)	12,0	–	–	160	672
Labskaus (Dose)	7,4	19	1,6	168	702
Lasagne (Folie)	8,5	61	0,8	177	739
Nasi Goreng (Dose)	3,0	–	–	153	643
Paella (Folie)	6,0	–	–	154	647
Pizza (TK)[x]					
Al Forno 4 Käse	11,0	–	–	263	1104
Tomate-Mozzarella	4,0	–	–	161	678
Crossa					
Champignon-Blattspinat	9,0	–	–	197	826
Bolognese	12,0	–	–	248	1039
Classica	13,0	–	–	241	1008
Salami	15,0	–	–	263	1099
Schinken	13,0	–	–	261	1093

– = es liegen keine Daten vor [x] = Iglo

Lebensmittel 100 g/1 Portion	Fett g	Cholesterin mg	Ballaststoffe g	Energie kcal	Energie kJ
Putenmedaillons mit Reis (Folie)	1,0	–	–	93	391
Ragout fin (Dose)	6,5	–	–	107	450
Ravioli in Tomatensoße (Dose)	2,7	200	0,6	88	368
Rindergulasch mit Spätzle (Folie)	2,5	–	–	109	458
Rinderschmorbraten in Pfefferrahmsoße (TK)	6,2	–	–	100	418
Sauerbraten mit Spätzle (Folie)	2,5	–	–	103	433
Schlemmer-Fischfilet (TK)[x]					
à la Bordelaise	11,0	–	–	179	758
Champignon	16,0	–	–	220	915
Italiano	7,0	–	–	115	480
Scholle »Sylter Art« (TK)[x]	13,0	–	–	229	957
Seelachsfilet (TK)[x]					
in Kräuterrahmsoße	4,0	–	–	92	386
in Petersiliensoße	2,0	–	–	90	378
Serbisches Reisfleisch (Dose)	4,0	–	–	128	537
Spaghetti (Mirácoli)	3,2	–	1,2	140	585
Carbonara (Mirácoli)	5,6	–	1,0	159	670
Zigeunerfleisch mit Reis (Folie)	1,5	–	–	109	458
Vollwert-Fertiggerichte, 1 Portions-Packung					
Vollwert-Menü					
Mehrkorn Gemüsebratling	18,0	–	–	570	2420
Naturreis mit Spinat	23,0	–	–	630	2668
Pilzpfanne	18,0	–	–	490	2078
Zucchini-Soja-Pfanne	14,0	–	–	490	2078
Vollwert-Menü (TK)					
Französische Gemüsepfanne	10,0	–	–	380	1610
Blumenkohl-Broccoli-Gratin	20,0	–	–	390	1650
Blumenkohl Gärtnerin Art	18,0	–	–	450	1908

– = es liegen keine Daten vor [x] = Iglo

Lebensmittel 1 Portion	Fett g	Chole- sterin mg	Ballast- stoffe g	Energie kcal	 kJ
Vollwert-Menü (TK)					
Bunte Gemüseplatte	22,0	–	–	430	1820
Chinesische Gemüsepfanne	8,0	–	–	340	1440
Französische Gemüsepfanne	10,0	–	–	380	1610
Gemüse-Kartoffel-Gratin	15,0	–	–	360	1530
Spinatklößchen	22,0	–	–	620	2630
Vollwert-Teller					
Blattspinat mit Gemüse	22,0	–	–	340	1440
Linsengemüse süß-sauer	16,0	–	–	380	1600
Vollkorn-Hörnchen Mexicana	6,0	–	–	300	1240
Vollkorn-Sommergemüse	8,0	–	–	280	1180
Vollkorn-Spaghetti	6,0	–	–	272	1160
***Leicht-Menüs, 1 Portions-Packung**					
Du darfst-Fertiggerichte					
Curryhuhn	11,0	72	–	363	1529
Entenfleisch mit Rotkohl	8,0	75	–	296	1248
Gemüsetopf Sizilien	10,0	35	–	306	1288
Huhn Toscana	8,0	45	–	332	1401
Kabeljaufilet	7,0	71	–	315	1330
Kasseler	8,0	73	–	268	1129
Pilzragout	6,0	35	–	230	970
Putenbrust in Salbeisauce	11,0	60	–	347	1461
Rindergulasch	10,0	74	–	370	1560
Rinderroulade	12,0	60	–	336	1413
Rindfleischbällchen	12,0	38	–	292	1226
Schweinebraten	7,0	72	–	239	1007
Schweinegeschnetzeltes	10,0	86	–	310	1305
Tomaten-Zucchini-Gemüse	2,0	+	–	222	941
Wirsingroulade	16,4	40	–	292	1219
Zwiebelhackbraten	13,0	–	–	329	1381

* = weniger Kalorien – = es liegen keine Daten vor

Lebensmittel 100 g	Fett g	Cholesterin mg	Ballaststoffe g	Energie kcal	Energie kJ
Vegetarische Fertiggerichte, tafelfertig (Reformhaus)					
granoVita					
Chili con Carne	3,6	0	4,0	100	420
Phag-Schnitten	4,6	0	–	121	515
Soja-Klößchen	14,0	0	–	220	933
Soja-zart	17,3	0	–	213	902
Vegetarisches Goulasch	2,7	0	2,9	54	230
Tartex					
Dinkel-Klößchen in Gartengemüse	9,0	–	–	135	555
in Kapernsauce	12,0	–	–	150	615
in Tomaten-Kräutersauce	9,0	–	–	130	545
Freiburger Schmortopf	4,5	0	–	87	362
Frikadellen	9,0	–	–	195	810
Frikassee	5,5	–	–	104	435
Gulasch	6,7	–	–	126	527
Ragout ungarisch	5,0	–	–	105	440
Ravioli	3,0	0	–	85	350
Burgunder Art	4,0	0	–	75	320
Sugo	7,5	0	–	120	510
Tofu-Auflauf (TK)					
Broccoli	10,5	0	–	167	701
Spargel	6,8	0	–	142	596
Spinat	4,2	0	–	115	483
Tofu-Käse	13,2	–	–	206	865

0 = nicht enthalten – = es liegen keine Daten vor

Lebensmittel 100 g	Fett g	Cholesterin mg	Ballaststoffe g	Energie kcal	Energie kJ
Vegetarische Menükomponenten, tafelfertig (Reformhaus)					
Gemüse-Komponenten (TK)[x]					
Gemüse-Burger	8,0	–	–	167	701
Gemüse-Stäbchen	7,0	–	–	174	729
Spinat-Medaillons	6,2	–	–	203	849
Tofu-Röstlinge (TK)					
Blumenkohl	5,7	0	–	125	529
Broccoli	3,2	0	–	101	428
Champignon-Lauch	3,5	0	–	111	466
Gemüse	3,6	0	–	117	495
Getreide	3,8	0	–	130	550
Vegetarische Bratlinge					
Gemüse	6,8	0	–	176	745
Grünkern-Käse	12,8	–	2,7	266	1126
Heideländer	17,4	0	3,8	249	1056
Lüneburger	22,3	0	8,0	332	1407
Quinoa	7,3	0	6,2	179	760
Vegetarische Würstchen					
Bratwürstchen	27,3	0	2,4	303	1279
Freiburgerle	30,0	–	–	315	1295
Freiburger					
Weiße mit Dinkel	29,0	5	–	310	1300
Weiße mit Gemüse	32,0	5	–	320	1350
Zwergle	28,5	–	–	310	1300
Landbratwurst	23,4	0	–	280	1185
Wienerle	35,2	0	0,1	361	1526
Würstchen pikant	35,0	0	0,6	354	1495

0 = nicht enthalten – = es liegen keine Daten vor

Lebensmittel 1 Portion	Fett g	Cholesterin mg	Ballaststoffe g	Energie kcal	Energie kJ
Essen außer Haus					
Im Fast-food-Restaurant					
Big Mäc	25,3	57	2,5	503	2107
Cheeseburger	13,0	36	1,3	312	1090
Chicken McNuggets, 6 St.	13,1	51	2,4	238	996
Fischmäc	20,9	25	1,2	408	1710
Gemüsemäc	25,0	0	2,9	476	1998
Hamburger	8,9	22	1,2	258	1083
Hamburger Royal	27,3	74	2,2	514	2152
Hamburger Royal TS	34,8	65	3,2	566	2368
McChicken	25,2	45	2,4	474	1986
McRib	22,1	56	2,2	485	2034
Pommes Frites groß, 150 g	23,6	0	3,0	468	1964
Am Imbißstand					
Baguette					
mit Salami und Gewürzgurke	23	53	4	550	2299
mit Schinken, Käse und Tomaten	24	71	3	531	2225
Bockwurst					
mit Senf und Semmel	35	70	2	554	2324
mit Senf und Kartoffelsalat	44	78	6	633	2646
Currywurst					
mit Ketchup und Semmel	24	50	2	414	1733
Döner (Fladenbrot)					
mit Fleisch- und Salatfüllung	17	151	6	665	2783
Fleischpflanzerl (Frikadelle)					
mit Senf und Kartoffelsalat	19	80	7	414	1740
Gegrilltes Hähnchen (½)					
mit Semmel	40	280	1	806	3374
Leberkäs					
mit Senf und Semmel	36	111	1	536	2240
mit Senf und Kartoffelsalat	45	119	4	628	2628

Lebensmittel 1 Portion	Fett g	Chole- sterin mg	Ballast- stoffe g	Energie kcal	 kJ
Leberkäs					
mit Spiegelei und Kartoffelsalat	54	364	4	745	3118
Pommes frites					
mit Ketchup und Mayonnaise	21	20	3	278	1161
Rostbratwurst					
mit Senf und Semmel	29	66	2	474	1981
mit Sauerkraut und Semmel	33	69	6	549	2293
Schaschlik					
mit Pommes frites und Ketchup	31	238	4	540	2259
Weißwurst mit süßem Senf und Laugenbrezel	31	73	2	517	2163
In der Gaststätte					
Blut- und Leberwurst Hausmacherart mit Sauerkraut und Salzkartoffeln	73	190	8	956	4004
Eierpfannkuchen mit Konfitüre	12	114	2	470	1972
Eisbein mit Erbspüree und Sauerkraut	27	121	12	641	2262
Entenbraten mit Orangensoße und Kartoffelkroketten	46	212	3	683	2854
Fischfilet paniert mit Remouladen- soße und Salzkartoffeln	39	137	6	663	2777
Fischstäbchen mit Kartoffelpüree	24	135	4	506	2115
Forelle Müllerin Art mit Petersilienkartoffeln	17	152	6	490	2054
Gaisburger Marsch	14	168	4	404	1692
Gänsebraten mit Rotkohl und Kartoffelklößen	66	175	7	959	4013
Germknödel mit Vanillesoße	30	93	7	572	2394

Lebensmittel 1 Portion	Fett g	Cholesterin mg	Ballaststoffe g	Energie kcal	Energie kJ
Heringsfilet in Sahnesoße mit Salzkartoffeln	18	102	6	406	1700
Hühnerfrikassee mit Reis	26	153	2	502	2101
Kartoffelpuffer mit Apfelmus	25	70	7	492	2062
Käsespätzle mit Blattsalat in Essig-Öl-Dressing	20	178	4	420	1760
Kalbsgeschnetzeltes Züricher Art mit Rösti	36	163	5	575	2407
Kalbsleber mit Äpfeln, Zwiebeln und Kartoffelpüree	24	370	5	464	1940
Kalbsschnitzel mit Champignonrahmsoße und Reis	28	168	3	628	2623
Kasseler mit Sauerkraut und Salzkartoffeln	20	62	9	458	1920
Königsberger Klopse mit Kapernsoße und Kartoffelpüree	30	114	4	508	2130
Kohlroulade mit Kartoffelpüree	25	42	10	465	1940
Lammkeule mit grünen Bohnen und Salzkartoffeln	41	124	9	674	2818
Lammkoteletts mit weißen Bohnen und Bratkartoffeln	47	109	8	766	3207
Matjeshering Hausfrauenart mit Bratkartoffeln	50	157	6	681	2854
Maultaschen in klarer Fleischbrühe	10	142	3	288	1206
Mettwurst mit Grünkohl und Pellkartoffeln	28	60	12	492	2060
Rehkeule mit Preiselbeeren, Rosenkohl und Spätzle	33	277	7	702	2938
Rinderbraten mit Rotkohl und Kartoffelklößen	18	70	8	503	2108
Rinderleber mit Röstzwiebeln und Kartoffelpüree	29	777	5	641	2687

Lebensmittel 1 Portion	Fett g	Chole-sterin mg	Ballast-stoffe g	Energie kcal	 kJ
Rindersteak mit Kräuterbutter und Rohkostsalat mit Joghurtdressing	35	197	3	499	2090
Rindsgulasch mit Salzkartoffeln	14	88	7	419	1752
Rumpsteak mit Röstzwiebeln und Bratkartoffeln	25	153	6	579	2428
Sauerbraten mit Semmelknödeln	27	224	3	597	2496
Schweinebraten mit Bayerisch-kraut und Kartoffelklößen	25	117	8	616	2584
Schweineschnitzel, paniert mit Pommes frites	24	182	5	543	2273
Tafelspitz mit Meerrettichsoße und Salzkartoffeln	21	101	6	466	1950
Beim Italiener					
Lasagne al forno	34	256	2	525	2202
Pizza (400 g)					
al formagio	52	308	7	1136	4760
frutti di mare	16	232	6	672	2812
margherita	18	14	10	903	3784
napoletana	47	32	8	988	4132
quatro stagioni	20	24	11	864	3612
salami	56	48	8	1056	4428
siciliana	36	80	5	684	2868
al tonno	41	28	8	804	3372
Spaghetti					
carbonara	44	263	5	721	3014
bolognese	19	144	5	473	1981
neapolitana	13	119	5	434	1842
Tagliatelle					
mit Gorgonzolasoße	22	144	4	490	2055
mit Pilzsoße	19	109	8	476	1995